Quadratschädel ^{2}

Für Mirjam, denn ohne dich gäbe es dieses Buch nicht.
Ich musste es nur noch schreiben.

QUADRATSCHÄDEL 2

Ein Leitfaden für Mannheim und den Rest

Von Thomas Baumann

emons:

EIN INNEHALT-VERZEICHNIS

(EMOTIONALE ANNÄHERUNG)

VORWORT

ÜBER DIESES BUCH

Dieses Buch hat ADHS. Es ist schnell und langsam und langweilig und hektisch und sachlich und trippelt von einem Fuß auf den anderen und gleichzeitig auch überhaupt nicht. Dieses Buch hat Wahnvorstellungen, denn es sieht sich in naher Zukunft im Paradies Mannheim unter lauter entspannten Menschen, die das dolce far niente pflegen und sich am Pool einen Flying Kangaroo nach dem anderen reinpfeifen. Dieses Buch hat Komplexe, denn in diesem Jahr erscheinen doch einige Bücher, die größer, schöner, bunter sind. Und außerdem würde es ja soo gerne nach Erdbeere riechen. Dieses Buch sollte mal 'ne Therapie machen, denn erstens gehört sich das so, zweitens kurbelt das die Gesundheitsindustrie an, drittens wüsste es dann endlich, dass es nichts weiß.

Dieses Buch hat eine gespaltene Persönlichkeit, und da Skat alleine ja völlig plemplem ist, sind's mindestens dreie. Dieses Buch ist größenwahnsinnig, fühlt sich an, als sei es so lang wie Zettels Traum, so chaotisch wie Finnegans Wake, so allwissend wie der alte Brockhaus (Na, wo ist der erschienen? In Mannheim natürlich!), es wird öfter übersetzt werden als die Harry-Potter-Heptalogie, und warum auch nicht? Hier ein pickliger kleiner Zauberschüler, der die Welt vor, wie heißt er gleich, Kater Karlo rettet. Da eine Stadt wie aus, äh, Beton gegossen.

Dieses Buch ist auf der Suche nach sich selbst. Im Gegensatz zu einem Menschen kann es in Sekundenschnelle verreisen, nach Indien, sich findien, nach Buchen und sich suchen, nach Shannon, sich erkennen, nach Spanien, sich entspinnien. Ist dieses Buch nicht eine heiter und flippig tänzelnde Allegorie auf Mannheim? Oh ja, das ist es wohl!

ÜBER DIESE STADT

Eine Stadt zeichnet sich aus durch das Verkehrschaos, das sie für akzeptabel hält. Sie braut ein Bier, das ihren Bewohnern schmeckt. Eine Stadt guckt sich bestimmte Theaterstücke an, die sie für niveauvoll oder lustig hält. Jede Stadt, und zwar jede, hat die Politiker, die sie verdient. Eine Stadt guckt auf ihre Natur, das Stadtgrün, oder lässt es verdorren oder malt es pink an. Manchmal hat eine Stadt einen musikalischen Klang, der anders ist als der einer anderen Stadt. Eine Stadt erträgt eine bestimmte Luft oder will eine bessere. Im Zweifelsfall tut »die Stadt« auch was dafür. Manche Städte werden von ihren Bürgern getragen, manche werden von ihren Bürgern ertragen. Manche wollen von ihren Bürger abgetragen werden. Im Falle von Mannheim kommt zusammen, dass alles zusammenkommt.

ÜBER DAS »SOZIALE UMFELD« DIESER STADT

Besser ist immer, man hat Leute, auf die man runtergucken kann: arrogante Heidelberger, dumme Odenwälder, saudumme Pfälzer oder gleich Ludwigshafener – ohne Worte. So funktioniert das. Wenn man ein Ausflugsziel braucht, nimmt man halt mal Lampertheim oder Speyer. Wenn man einkaufen will, geht's nach Viernheim. Wenn man Schulklassen Kultur zeigen will, benutzt man Worms oder Lorsch. Wer sich für den Onkel aus Amerika interessiert, also die fernen Verwandten, der reist nach Toulon und Swansea und natürlich Klaipeda, namentlich Partnerstädte. Wird man so etwas eigentlich freiwillig?

ÜBER DEN ORGANISIERTEN WAHNSINN

Wikipedia behauptet über das Zentralinstitut für seelische Gesundheit: »Etwa 3.000 Patienten werden im Jahr stationär und ca. 700 teilstationär versorgt« (Stand 2012). Bei einer Einwohnerzahl von rund 300.000 Menschen ist somit statistisch erwiesen, dass jeder hundertste Mannheimer einen Sprung in der Schüssel hat. Anders gesagt: 10 Promille der Bevölkerung ticken nicht ganz richtig. Zum Vergleich: Ein Autofahrer wird schon bei 0,5 Promille lahm-, still- oder umgelegt.

Man stelle sich vor: Ein Turm der Neckaruferbebauung hat 500 Bewohner. Davon ein Prozent macht dann, Moment, zwei rote Kugeln nach links, eine blaue nach rechts … fünf Verrückte. Und das in nur einem Haus! Wenn Sie sich nun überlegen, wie viele Häuser in Mannheim stehen, müssen Sie sich fragen, ob nicht sogar ein wenig mehr als 100 Prozent aller Mannheimer irre sind! Möglich ist hingegen auch, dass Sie sich nicht fragen, weil Sie selber ein bisschen daneben sind. Dann vergessen Sie die Frage einfach, aber Sie sollten sich dieses Buch in jedem Fall ein zweites Mal kaufen – nur zur Sicherheit.

ÜBER DAS, WAS BISHER GESCHAH

Die erste Auflage von »Quadratschädel« ist ein Bastard aus Sachbuch, Schmähschrift, Gonzo-Journalismus und li-la-launigem Bärengebrumme und kam in großer Breite gut an. Mehr Bücher sollte es nicht geben. Doch dann schrieb ich ein Buch über das Land. Es folgte ein Buch über deutschen Reisewahn. Weiter ging es mit deutschem Sammelsuriumsquark. 2012 war der Tag, »Als die Titanic wieder auftauchte«, ein veritabler Roman, denn romantisch ist er. Dann schrie die Heimat und bot mir »111 Orte in der Kurpfalz, die man gesehen haben muss«. Tja, und dann dieser Tag, als der Kalender vor sich hinmurmelte: Mannomann, »Quadratschädel« ist schon zehn Jahre alt, das müsste mal dringend rundumerneuert werden. Es passte alles, der Autor wollte, der Verlag wollte, bloß diese gottverdammte blöde Stadt wollte nicht! Mannheim hatte sich verändert, und zwar recht stark. Was tun? Ganz einfach: Sie halten es gerade in der Hand – »Quadratschädel²«.

Der Rest ist Geschichte. Wenn Sie ein neues Buch schreiben, nölt jeder zweite: »Was, schon wieder ein Buch?« Wenn Sie eine neue Klobürste in Apollo-XI-Raketen-Form designen, findet das dagegen jedermann ganz natürlich. Aber ein Buch? Dann müsste man ja aus dem Wohnzimmerregal ein anderes rausnehmen. Aber welches? Den Konsalik, Oriana Fallaci, oder »Die 20 leckersten Thüringer Pilz-Sahne-Pampen«?

ÜBER DIE ZUKUNFT

Ich aber sage euch, ein Ritter aus Sport wird kommen. Und ein Engel wird ihm sagen: »Siehe, diese Stadt ist vielleicht nicht praktisch und gut – aber quadratisch! So gehe hin und spiele Schach!« Und so wird es geschehen, dass die Schach-Weltmeisterschaft 2222 erstmals in Nordwestbadenwürttemberg stattfinden wird. Und die beiden Gegner werden in Zeppelinen über der Stadt schweben, und sie werden den Basejumpern auf den Quadraten sagen, wo sie hinjumpen sollen. Und der Sieger bekommt den Mannheimer Wasserturm überreicht, und er wird aus Schokolade sein. Und die Schokolade ist eine gute Schokolade, denn sie stammt natürlich aus der Schokinag. Amen.

Thomas Baumann, im Jahre des Herrn 2016

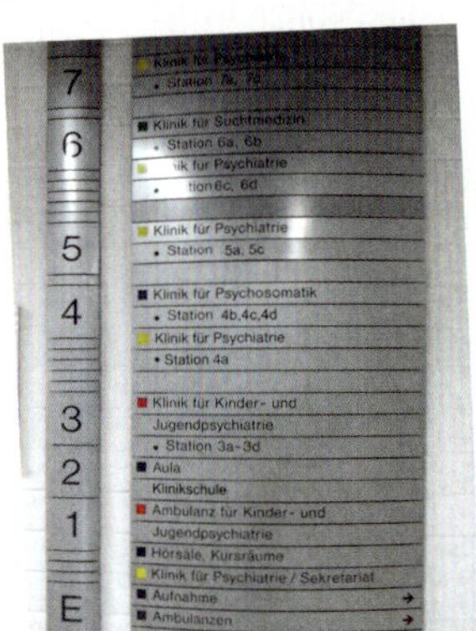

7 Stockwerke voller Mannheimer auf der Couch, teilweise auch darunter

ALTRHEINFÄHRE SANDHOFEN

Noah wäre ohne Wasser ganz fix seinen Job losgeworden. Mehr als ein Rufer auf dem Wüstenschiff wäre nicht von ihm übriggeblieben. Auch Köln stinkt ohne Kölnisch Wasser nur halb so fein nach den fünfziger Jahren. Wie aber stünde es erst um Mannheim so ganz ohne? Die Stadt ist immerhin vor allem deswegen überhaupt da: weil zwei ursprünglich chaotische Flusssysteme ineinanderfließen und für massive Überschwemmungsflächen sorgten.

»Mannheim, die Stadt so ganz und gar nicht an Rhein und Neckar« – wie hört sich das denn an! Da schüttelt sich der Mann vom Stadtmarketing und sagt: »Bäh, pfui Deibel. Wen soll man denn in eine Stadt locken, wo die Brücken über trockene Flusstäler führen, wo die Stadtteile Rheinau und Neckarau plötzlich beide bloß noch Au und Au heißen, und aus der Neckarstadt würde die Nur-Stadt. Das ist doch alles nix.« Recht hat er, der Stadtvermarkter.

Neben den beiden Flüssen wären da noch allerlei Badepfützen für Mensch und Ente, wie Stollenwörthweiher, Vogelstangsee, Rheinausee, Kutzerweiher sowie die geschlossenen städtischen Plantsch- und Plätscheranstalten. Ach ja, die Filsbach gibt's auch noch, beziehungsweise gibt's eben gerade nicht, beziehungsweise eben gerade doch, aber unterirdisch. Doch Schluss mit der Ablenkung, denn wir wollen uns ja gemäß der Überschrift der Altrheinfähre in Sandhofen widmen.

Für ganz Eilige hier die Kurzform, wie man diese Fähre am besten nutzt:

1. Ablegen

2. Verlegen den Segen der Kollegen im Regen bewegen

3. Anlegen

Alles hat ein Ende, außer der Wurst und dem Ende der Welt: Sandhofen ist hier zu Ende, und die Friesenheimer Insel ist hier zu Ende. Dass ein Ende auch ein Anfang sein könne, scheint an dieser Stelle eine hohle Phrase. Wie oft mag es vorkommen, dass ein Mitarbeiter des Städtischen Tierheims hinüberjettet nach Sandhofen ins Eiscafé Fontanella – mutmaßlich so oft, wie der edle Herr Eisproduzent den Weg andersherum antritt, um sich vielleicht eine neue Katze aus dem Tierheim zuzulegen, weil »die alte irgendwie nicht mehr so frisch aussieht«. Nein, nein, dies ist nicht die Kundschaft der Fähre.

Der Fährbedienstete ruft zu unserem Auto herüber: »Wollt ihr mitfahren?« Wollen wir, aber wir wollen auch noch vorher ein schnelles Foto machen. »Kein Problem, wir haben Zeit.« Zunächst muss er die Position der Fähre korrigieren, denn die hölzerne Rampe liegt etwas windschief auf dem Uferrand auf. Was für die etlichen Fahrradfahrer gut ist, könnte für einen Pkw doch etwas knapp sein.

Fatmir freut sich über unseren Besuch. Fatmir scheint sich überhaupt gern zu freuen. Es gibt solche Menschen, die von Haus aus ein Stück Sonne implantiert haben. Und das selbst hier, am nördlichsten Arbeitsplatz der Friesenheimer Insel. Ich will Fatmir meinen Presseausweis zeigen, aber er winkt ab. Zugegeben, die Sandhofer Fähre eignet sich nicht für Phantasien von Finsterlingen mit gefälschten Presseausweisen, die einen fiesen, terroristischen Anschlag im Sinn haben.

Ich erkundige mich, wer üblicherweise die Kunden an Bord sind. »Meistens Ausflügler. Manchmal auch Leute, die extra wegen der Fähre herkommen. Insgesamt mehr Radfahrer. Etliche, die am Rhein mit dem Rad langwandern.« Er deutet auf ein Grüppchen, das an der Reling beieinander steht. »Aber sag mal, das ist ein Golf II, oder?« Ja, das ist ein Golf II, der gerade sein Gnadenbenzin verfährt. »Und aus Aachen, oder? A?«

Aachen ist AC. Nein, der hier stammt aus Augsburg. Ja, und ich gebe zu: Mich durchläuft ein wohliger Schauer, weil selbst die altehrwürdigste Mannheimer Fähre heute zum ersten Mal einen Golf II aus Augsburg herumschippert.

Und woher stammen nun diese Ausflügler? Ich denke dabei an Nord oder Süd. »Von überall«, sagt Fatmir mit etwas Stolz in der Stimme, »Italien, Frankreich, Holland, Polen, da ist alles dabei.« Ich beobachte die Kette, wie sie im Wasser versinkt. Die Fragen neugieriger Besucher zu beantworten, macht dem Kosovaren sichtlich Spaß. Auch die ungestellten. »Die Kette sinkt ganz auf den Grund. Der Altrhein ist hier acht Meter tief. Hier fährt ja alles Mögliche durch. Passagierschiffe, Frachtschiffe ... Und es ist die älteste Kettenfähre Deutschlands!«

Ich habe Schnabeltiere in freier Wildbahn gesehen. Ich bin auf einem Kamel geritten und bin knapp einem Krokodil entkommen – aber auf die älteste Kettenfähre Deutschlands war ich nicht vorbereitet. Offenbar ist sie recht stabil, murmle ich vage. »1950 oder 54 ist die Kette mal gerissen!« Und? »Na ja, dann ist die Fähre so ...«, er zeigt mit den ausgestreckten Händen ein schiefes Rechteck, »zur Seite getrieben«. Offenbar war die Situation so gefährlich wie Kuchenessen.

Wir kommen am anderen Ufer an, ausladen, einladen, geht ruckzuck. »Willst du noch mal mitfahren?« Ich glaube, es ist im schmalen Budget meines Verlegers drin, und nicke mutig. Kaum beladen, legt Fatmir wieder ab. Wieso geht's denn schon los? »Normal fahren wir im Stundentakt. Aber kuck mal ans Ufer. Meinst du, da wartet einer eine Stunde? Eine Stunde am Ufer? Wenn Leute da sind, fahren wir. Fertig aus.«

So wünscht sich die Stadt Mannheim ihre Traumbediensteten: dynamisch, flexibel, zupackend, freundlich, selbstständig entscheidend und, ja, man kann sogar sagen, weltoffen. Während der immerhin mehrminütigen Fahrt fällt kein einziges Wort des Hohns über die, die den weiten Umweg über die Brücke machen, statt, wie es sich gehört, die älteste Kettenfähre Nordwest-Baden-Württembergs zu nutzen.

Sein Kollege hat eine noch etwas stärker wettergegerbte Haut und trägt ein prima Klaus-Schlappner-Gedächtnis-Käppi. Darauf ist allerdings irgendein rotweißer Aufdruck. Ich glaube, Rewe. An so einem Ort erwartet man schon einen gewissen Promi-Auflauf – und sieht sich enttäuscht. »Der, wie heißt er, der Reuters vom Collini-Center war schon da, aber der Kurz noch nicht.«

Immerhin macht die Fähre auch Winterpause. »Das schon. Aber davon abgesehen fahren wir in der Saison immer, egal wie heiß es ist. Egal wie kalt. Nur wenn starke Gewitter sind wie gerade vorgestern, dann fährt halt keiner mit. Aber prinzipiell dürfen wir fahren. Wenn die Sicht behindert ist, also bei Nebel oder sehr starkem Regen, dann nicht.«

Heute ist ein recht heißer Tag, und ich wage nicht zu hoffen, dass die Werbetonne von Red Bull etwas Brauchbares enthält. »Doch doch, es gibt auch Getränke an Bord. Die muss man aber vorab bestellen.« Vorab? »Ja, willst du ein Wasser?« Er greift in die große Tonne und reicht mir eine Halbliterplastikflasche. Was kostet die? »Nix, egal, schenk ich dir.« Aber wieso? »Weil das gut ist, dass du herkommst. Weißt du, du schreibst darüber, und dann kommen Leute.«

Wie viele Rettungswesten habt ihr da? »Das sind 45. Das ist Vorschrift seit ein paar Jahren. EU-Regelung.« Im Ernst? Er nickt. »Auch die Rettungsringe. Vorschrift.« Ich stelle mir hier das Titanic-Drama vor. »Hä?«, fragt Fatmir. Na, ich stelle mir vor, wie

Auch heute wieder einen Golf II vor dem Sudden Death gerettet

Kate Winslet und Di Caprio hier im Altrhein rumpaddeln, und dazu spielt der super Bombast-Sound. Fatmir findet die Idee äußerst köstlich. Sein Arbeitsalltag kann womöglich doch etwas Abwechslung vertragen.

Mehr aus Höflichkeit erkundige ich mich nach dem Motor. Der alte Motor hatte zehn PS und lief mit drei Litern Diesel zehn Stunden lang – den ganzen Tag. Ich sage: Echt? Und er sagt: »Echt!« Hier sind wir in den Männerrollen, wie sich das gehört. Und der neue? »Der neue ... also, wir haben vor ein paar Tagen wieder versucht zu messen ...«, Fatmir schüttelt den Kopf und sucht Blickkontakt zu seinem Kollegen. Wir schweigen und fahren.

Fatmir streicht einem Kind über die Haare, quatscht mit einem Radfahrer mit top Sportausrüstung, aber auch top Sportlerwampe. Radfahren soll ja Durst machen. Mein soziales Gewissen plagt mich. Wo ist denn euer Klo, wenn Ihr mal müsst? »Hier ist keins. Dafür ist am Ufer eins.« Wie schalte ich das Kopfkino ab, das zeigt, wie die beiden Fährkapitäne den Altrhein als Open-Air-Nullnull nutzen? Und sage: Ihr habt kein WC an Bord? Weiß das der Bürgermeister? »Der Bürgermeister weiß alles!«, versetzt er lachend.

Fatmir arbeitete 15 Jahre im Restaurant Demus nebenan am Ufer, aber dann wollte er doch mal Geld verdienen. Gastronomie ist dafür einfach nicht geeignet. Gut, dass hier die Radfahrer sich den Umweg von acht Kilometern über die Brücke sparen können. Für eine Handvoll Cent.

Plötzlich winkt er. »Da drüben fährt mein Onkel!« Wie, was für ein Onkel? Ein Polizeiboot taucht auf. Das Blaulicht blinkt. Ich versuche mich zu erinnern, ob ich mal wusste, dass das sowieso immer blinkt. Aber ich weiß es nicht mehr. Ob ich's wusste, meine ich.

Ich betrachte die stoisch winkende Polizistin am Steuerrad. Sie könnte genauso gut einen Strohhut tragen, eine Maiskolbenpfeife rauchen, die bloßen Füße hochlegen und einen herzzerreißenden Delta-Blues singen. »Ich nenne die Polizei immer meinen Onkel.« Das muss ein so ungeheuer insidiger, kosovarischer Witz sein, dass ich mich hüte, weiter nachzufragen und ehrfürchtig staune. Die Polizei, dein Onkel und Helfer.

Wir spekulieren ein bisschen, was die Polizei hier zu tun hat. Wenn Sie gestatten, würde ich mit dem Fazit anfangen: Wenn es gar keine Polizei gäbe, wäre das sicher nicht gut. Und das war's auch schon.

Fatmirs Kollege verabschiedet mich genauso herzlich. Gegen seinen Händedruck allerdings ist ein Schraubstock ein Kinderspielzeug. Fatmir hebt noch den Zeigefinger: »Montag ist Ruhetag. Aber das können Sie auf der Website des ADFC nachlesen. Da steht alles.«

ANKOMMEN

Keine internationalen Linienflüge, keine U-Bahn, keine extraplanetarische Hochbeam-Bühne – in Mannheim kommt man entweder am Planetarium an und fährt irgendwohin, je nachdem was das Navi gerade will.

Oder man rollt mit einem der Fernzüge ein, landet am Hauptbahnhof, steigt aus, vergisst sein Handyladekabel im Gepäcknetz am Vordersitz, ist froh, dass man die dröge DB Mobil nicht gelesen hat, steigt aus, geht die Treppe zum Quergang hinunter, die Rolltreppe hinauf, stellt fest, dass eine zweite existiert, schlendert durch die Ladenpassage, ohne zu ahnen, dass es im Mannheimer Hauptbahnhof tatsächlich 39 Läden gibt, wovon gefühlt die Hälfte Kaffee verkauft: in Edelform mit Sternenrammler-Logo (Starbucks!) oder eben für den ganz normalen Euro aus dem Automaten. Man geht an der Info vorbei, registriert im Augenwinkel, dass obendrüber eine Kuppel mit Glasdach oder etwas Ähnliches ist, läuft auf die Schiebetür zu, Mist, draußen regnet's. Und dann ist sie da. Die Stadt mit dem Quadratknall.

Zwei ungelenke Beinahe-Hochhäuser stehen links und rechts Spalier, voll von unsinnigen Nerd-Firmen, die Personalmanagement, IT-Beratung und andere Zeitvertrödelei betreiben. Links der Brezelstand zeigt wie ein Fastnachtsorden, dass Monnem immer noch Monnem ist und im Süden des Landes liegt und nicht dort, wo die Köpfe nach Fisch aussehen und riechen, und rechts ein Dönerstand in einem Wohnwagen Modell 1973. Vor der Bahnhofsmauer Geländer, die galant den Weg nach unten zur Parkgarage geleiten, zu albern tief für Selbstmörder, aber nix, wenn man gerade mal ein Feuerzeug runterfallen lässt. Und wenn jemand hochkommt, der angeliefert wird für bis zu 15 Minuten für lau, denn nur bis 15 Minuten ist es lau. Darüber solche seltsamen Bundesbahnerfenster, vor denen immer noch Blumenkästen mit Geranien stehen. Davor, weiter rechts, ein imposanter Taxistand, ein bisschen zu groß geraten, daneben ein sterbendes Postgebäude, mit einem riesigen Rattenschwanz von mitsterbenden Gebäuden dahinter.

Am Hbf ankommen und wieder gegangen werden – einmalig auf der Welt!

Gegenüber fällt der Blick in eine verhinderte Prachtstraße. Der Kaiserring taugt nicht dazu. Die Hauptstraße vor Bahnhöfen ist selten schön, aber hässlich ist der Ring eben auch nicht. Halb schräg gegenüber steht ein Wochenmarkt mit auffallend Frischem, ganz lockend, aber eben doch nicht ganz echt. Dann entdeckt man das Schild und sieht, dass der erste Straßenname links L15 lautet und wird es auch dann nicht verstehen, wenn man von der Quadrate-Geschichte weiß, denn wieso sollte ein Schachbrettquadrat »L15« heißen?

Der Platz bietet Platz, keiner macht was Gescheites damit, was vielleicht das Gescheiteste ist. Bei diesem Nieselwetter stehen eine Reihe Raucher unter dem Vordach. Und da du ganz, ganz sicher kein Mietrad mieten wirst, gehst du geradeaus, meidest die sich anbietende Fußgängerunterführung, und auch wenn du die Borelli-Grotte nie gesehen hast, würdest du in einer *großen* Stadt als Fremder solch eine Treppe ins Tiefe immer ablehnen und geradeaus den Gehweg nehmen. Er führt dich nicht nach links zur Hofkonditorei Kettemann, denn die ist weg, sondern nach rechts, wo der schlechte Dönerladen mit den tausend Pseudogerichten ist, Richtung Irish Pub. Da sitzen etwa zur Hälfte Muttersprachler, Kanadier und Schotten und die aus den Kolonien, und man ist locker und nah und umgänglich. Für die Tourist-Information ist ohnehin noch genug Zeit, wo die Mitarbeiterin einen am Ende doch in so ein Radisson-Hotel schickt. Wonn du wischdsch, dass an de Thek grad irgend so en Günda vun Seggene uff disch wadd …

ATOMBOMBE

Na ja, ein Atombombeneinschlag. Kann doch jedem mal passieren. Aber was ist, wenn es ausgerechnet Mannheim passiert? Hier der Exklusivbericht aus der Stadt etwa zwei Stunden vor dem erwarteten Eintreffen der Waffe mit einer Sprengkraft von einem guten Dutzend Gigatonnen TNT.

Frau Lohse, die Bürgermeisterin von Ludwigshafen, versichert, dass auch nach dem Einschlag in Mannheim »Teile« der Straßenbahnen in Ludwigshafen weiterfahren werden. Peter Kurz betont, dass die Konversion dadurch nicht aufgehalten wird. Die US-Armee in Sandhofen sendet seit dem Frühstück »Star Spangled Banner« in Dauerschleife – der Kleingärtnerverein MA-Käfertal sendet dagegen »Unser Bloskapell, die macht was fers Vergniische«. Die Mitglieder des SV Waldhof freuen sich, dass ihr Verein ab 16 Uhr schuldenfrei sein wird. Der Student Heio Pey verpasst sein Seminar in Wirtschaftsdynamik. Alter Messplatz: Der Straßenbahnfahrer der Linie 1, Günter Schneider, verlässt die Schienen, verwirklicht seinen Traum und rast mit Tempo 30 durch die Inselstraße an der Neckarstadt entlang »in Richtung Paris«, was die anwesenden Kiffer enorm irritiert. Der Inhaber des Strandbad-Cafés gesteht unter routinierten Tränen seiner Frau, dass die Lizenz für seinen gastronomischen Betrieb seit acht Jahren abgelaufen ist. Davor war sie aber eh gefälscht. Im Übrigen sei seine Geburtsurkunde auch nicht echt. Er ist 59 Jahre alt und keineswegs »süße 57«.

Der Wasserturm hat die Nase voll. Er erleichtert sich nach über 100 Jahren endlich und ergießt seinen Inhalt auf den

Panik am Strandbad: Diese Schiffsbesatzung ist so verzweifelt, dass sie Richtung Karlsruhe flüchtet

Friedrichsplatz, was große Freude beim Mannheimer Ruderclub Amicitia auslöst. Tierheim Mannheim-Sandhofen: Stuten, Hühner und Fasaninnen voten gegen die Atombombe. Hengste, Hähne und Fasanenmacker bestellen noch ein Ureich. Klinikum Mannheim: Oberschwester Gerda von der Inneren reißt alle Fenster auf, denn sie will, dass es ihre Abteilung als Erste erwischt. Die Chance auf eine gratis Desinfektion aller Räume durch atomaren Fallout ist einmalig!

Die Rentnerin Elsbeth K., unterwegs in ihr Altersheim am Meeräckerplatz auf dem Lindenhof, spürt plötzlich »irgendwie so vun inne raus«, dass ihr die Zeit wegrennt, lässt den Rollator einfach stehen und läuft nach Hause, um sich die letzten beiden Aufzeichnungen von »How I Met Your Mother« auf ihrem Festplattenrekorder anzusehen. Spontan ändert sie ihr Testament und enterbt die CDU. Im Pub Murphy's Law gesteht der 63-jährige Ire Sean O'Flatfeet, dass die Engländer selbst im Angesichts des nahen Todes »arrogant bitches« sind.

MANNHEIM AUF DEM HIGHWAY TO HELL – DER COUNTDOWN

Noch 120 Minuten

Peter Kurz wartet im Maritim Parkhotel auf die Ankunft von Hopp. Dieser Mann kennt sich doch mit Kamelen und

Nadelöhren aus. Und zwei Stunden war eine ganze Menge Zeit verglichen mit der Rettung des SV Waldhofs, des Golfclubs Altlussheim und den Sandhausenern. Trotzdem wechselt Kurz von Pils zu Bacardi-Cola.

Noch 90

Kurz schaut auf die Uhr, noch eineinhalb Stunden. Er wäre bereit, zur Begrüßung Hopp eine Kleinigkeit zu schenken, zum Beispiel die Blumenau.

Noch 87

Kurz wartet auf Nachricht von Hopp. Da ertönt das WhatsApp-Signal seines Smartphones mit der Stimme von Bülent: »Die Hoor, die Hoor!«. Hopp schreibt, offenbar ziemlich gehetzt: »Vielen Dank für die Blumenau. Stehe im Stau. Die Leute flüchten aus der Oststadt sogar Richtung Sinsheim. Toll.«

Noch 86

Kurz nimmt einen Schluck und liest weiter: »AB-Kreuz Walldorf-Wiesloch ist jedenfalls zu.« Kurz gackert höhnisch dem beflissenen Barkeeper zu: »Das Kreuz Walldorf ist auch ohne Atombombenangriff zu!«

Noch 75

»Hopp an Kurz: Bin inkognito durchgekommen.«

Noch 60

Noch eine Stunde bis zum Einschlag! Kurz ist ein Mann der Entscheidungen. Er wechselt von Bacardi-Cola auf Cola-Bacardi. Spontan tippt er der drallen Blondine an der Theke auf die Schulter. »Na, darf ich Sie zu einem phantastischen Weltuntergangscocktail einladen?« Die Blondine gibt sich als Dietmar Hopp zu erkennen. Ein Happy End ist möglich.

Noch 30

Noch eine halbe Stunde. Die ersten Feudenheimer erwägen die Flucht. Denn ihnen dämmert, dass sie vielleicht doch ein Teil von Mannheim sein könnten. Kurz & Hopp rechnen hin und her. Für einen atomaren Schutzschirm in letzter Sekunde könnte es noch reichen. Aber nicht für die Rechnung, die Kurz in den letzten Stunden an der Bar des Maritim verursacht hat.

Noch 1 Minute!

Rettung naht: Der Mannheimer Chef-Rabbi und Dönmez, Chef des Islamischen Bet-Clubs, springen für die 486 Euro an der Hotelbar ein. Hopp spendet sofort die 182 Millionen für einen atomaren Schutzschirm: Alstom, Mercedes und GKM laufen auf Hochtouren. Alles hat geklappt.

3 ... 2 ... 1 ... 0 Sekunden.

Nur der VfR Mannheim ist abgestiegen.

AUFREGER

Wenn 500 Menschen im Yogasitz mit geschlossenen Augen schweigen und nur zwei blökende Bloomäuler zwischen ihnen herumhüpfen, plärren, krakeelen und Zeter samt Mordio buchstabieren, dann kann man sicher sein, dass die 500 Meditierenden einfach mal übersehen werden.

Schaumrentner bevölkern den Mannheimer Marktplatz, Wutbürger verstopfen die Leserbriefspalten des Mannheimer Morgen, Motzkis machen Wahlkampfveranstaltungen zur Farce. Wer Humor hat, gerne Sudokus löst, Käsekästchen ausfüllt oder einfach hämisch veranlagt ist, nimmt an Mannheimer Debatten teil. Gewiss, auch andernorts mischt man sich in die Lokalpolitik ein, ereifert sich und debattiert. Die öffentliche Aufregung nimmt in Mannheim jedoch den Rang eines örtlichen Kulturguts ein.

Was ist es, das den Mannheimer antreibt, sich über Dinge zu ereifern, die er erstens nicht verstehen kann, weil sie viel zu komplex sind, die zweitens weit entfernt von seinem Wohnort stattfinden und ihn nur sehr indirekt betreffen, und die drittens bei näherem Hinsehen gar nicht schlimm sind!

ES WAR EINMAL ... EIN STADTHAUS

Wie viel kostet das Späßchen? 42 Millionen DM (Fehlplanung: 20 Millionen DM)

Vorhang auf – der Erste Akt

Ganz großes Damentennis: Der Entwurf von 1960 wirkte so modern, dass man sich entschloss, die barocken Reste des alten Stadthauses abzureißen. Plötzlich ging das *Geld aus*. Ein zweiter Wettbewerb 1978 kürte einen ganz anderen Sieger, ein Architektenehepaar aus Köln. Völlig zu Recht realisierte man auch diesen Entwurf nicht – am Ende steht da noch so eine Art Mini-Kölner-Dom. Nix do! Schließlich gewann ein Entwurf, der sich im Jahr 1986 auf die Barockzeit bezog, und diesmal war der Architekt ein Mannheimer. Er hieß Mutschler, und das klingt nach Mutti. Mutsch halt.

Vorhang auf – der Zweite Akt

Bürgergroll, Untergrundgemurmel, Leserbriefseiten. In diesen Jahren hätten Sie eine Tageszeitung herausgeben können, die nur aus Leserbriefen bestand. Sie hätten mehr verkauft als die Konkurrenz. Und jetzt aufgepasst. Demokratie für Spitzfindige. Der Bürgerentscheid lautete: Massive 83 Prozent waren *gegen* den Entwurf von Mutti, pardon, Mutschler. Sie wollten das, was man in Mannheim immer will. Her mit den alten Kamellen, her mit einem historischen Bau.

Vorhang auf – der Dritte Akt

Heulend lief Mutti zu Vaddi. Mutschler bekam Schützenhil-

Diese Aussicht aus dem Stadthaus gäbe es nicht, wenn es das Stadthaus nicht gäbe.

fe durch den Berufsschullehrer Widder, Gerhard Widder. Der studierte die Statuten, erspähte die Lücke, die er brauchte, und hatte den Mut, sie zu nutzen: An der Abstimmung hatten nicht 30 Prozent der erwachsenen Mannheimer teilgenommen, sondern nur 26,2 Prozent. Und Widder reckte das Gehörn und blökte ein klares Nö. Die geschlagenen Unterlegenen verkrochen sich in der Gaststätte »Stars« und wurden nicht mehr gesehen. Der hässliche Stilmix mit dem tollen Aussichtscafé wurde 1991 eingeweiht. Dort darf man zwischen den beiden oberen Plattformen im Treppenhaus rauchen. Immerhin.

ES WAR EINMAL ... EINE STADTBAHNLINIE NORD

Wie viel kostet das Späßchen? 80 Millionen Euro

Die Stadtbahnlinie Nord ist bei näherem Hinsehen die Umkehrung des Märchens vom Fischer und seiner Frau. Was darin geschah? Ein launiger Butt erfüllt einem Fischer all seine Wünsche, doch ach, sein gieriges Weibsstück will jeden Tag mehr. Sie kriegt den Hals nicht voll und ist am Ende wieder so arm wie am Anfang.

Die Mannheimer Gartenstädter (nicht zu verwechseln mit den Ludwigshafener Gartenstädtern, vgl. aufrechter Gang, keine Unpaarhufer, abwaschbar) waren nicht zufrieden mit der geplanten Straßenbahn und wollten offenkundig weniger davon. In Auszügen deklamierten sie im Jahr 2010 in einem Brief an den Bürgermeister:

a) Die Linie wurde angeblich künstlich aufgeblasen, um die Grenze zu überschreiten, ab der Bundesmittel dazu fließen.

b) Nicht genannt ist in diesem Brief das Thema Lärm, den so eine Straßenbahn durch ihr straßenbahnartiges Verhalten erzeugt. Vergleiche: Straßenbahn Mannheim-Lindenhof. Niederflurbahn, »Lärm«.

c) Zwei Friedhöfe wären durch die geplante Streckenführung vom Nahverkehr abgeschnitten worden.

Ein Schelm, wer Böses dabei denkt, die Täter gar in Zombie-Nähe lenkt. Was dann geschah, ist silberglänzende Verwaltungspoesie und liest sich im Nachgang auf der offiziellen Website der Stadt so:

Stadtbahnlinie Nord:

»Dabei wird in diesem Vorschlag deutlich, dass wir die Diskussionen und Anregungen sehr ernst genommen haben. Die Planungen wurden erheblich geändert ... (...)

... in einem neuen Modell der Bürgerbeteiligung verschiedene Varianten der Streckenführung beraten ...

... Zu den aufgenommenen Anregungen aus dem in dieser Form einmaligen Bürgerbeteiligungsprozess ...

... Auch für die Zukunft sei eine weitere Einbindung der Betroffenen ...

... fünf Forumssitzungen, mehreren Arbeitsgruppen, zwei Bürgerdialogen und zahlreichen Begehungen ...«

Dass mehrere internationale Filmproduzenten überlegen, die Story mit DiCaprio als Mannheimer Bürgermeister und Scarlett Johansson als gutgläubige Gartenstädterin zu verfilmen, könnte durchaus stimmen, tut es aber nicht.

ES WAR EINMAL ... DIE B-LINIE

Wie viel kostet das Späßchen? Ordentlich

Die Vision war schrecklich, aber nicht ganz so schrecklich wie die Mode der 1980er-Jahre. Man wollte den Lindenhof verkehrsberuhigen und auf sein ewiges Rentenalter vorbereiten. Sollte es ein Spurbusexperiment von Mercedes oder eine normale Straßenbahn oder eine Niederflurbahn werden? Wahlweise starben Heerscharen von Senioren in den Schreckensszenarien, schlimmstenfalls würden wehrlose und gewaltfreie Dackel dabei zerquetscht. Und da kamen sie, die Zwischenlösungen, die Kompromisse. Sollte die Hauptstraße – Meerfeldstraße – zur Einbahnstraße werden, war eine ganze Fußgängerzone denkbar?

Neckarauer, Rheinauer und Casterfelder würden nicht mehr mal eben auf dem Nachhauseweg auf dem Lindenhof Station machen, um die eine oder andere hübsch umhäkelte Klorolle zu erstehen. In den bluttriefendsten Horrorbildern entstand das Bild eines Lindenhofs, der ausstarb, der entvölkert wurde, Steppenroller vor dem Hochbunker, Wüstenschakale streunen um das Billard-Café, der Wind pfeift sein garstiges Lied des Todes.

Heute ist alles ganz einfach. Aus der B-Linie wurde die Linie 7, aus der Linie 7 wurde die Linie 3. Der Lindenhof hat einen Altersschnitt über 70. Von Vollbeschäftigung kann man indes nicht ganz reden, denn Rentner können nicht arbeitslos sein. Und der Verkehr? Der fließt. Mit dem Rollator kommen Sie spielend in sieben Minuten vom Meeräckerplatz zum Gontardplatz, von Autos weitgehend ungestört. Wenn da nur die blöde Bahn nicht wäre.

ES WAR EINMAL … DIE »SYSTEME, ANWENDUNGEN, PRODUKTE IN DER DATENVERARBEITUNG«-ARENA

Wie viel kostet das Späßchen? 80 Millionen Euro

Es war das Huhn, dann das Ei, dann der Eiersalat, dann ein Haufen Gegacker und zum Schluss ein glücklicher Kleintierzoo. Die zoologische Moritat beginnt mit einem Adler, der einen wilden Hamster auffrisst.

Der Mannheimer Eis- und Rollsport Club war längst ein normales Geschäftsunternehmen geworden. Das Logo besteht aus einem Adler, dessen Nest halb in einem amerikanischen Fliegerhorst stand, der aber mit zwei zwergenhaften Flügelchen und einer überdimensionierten Klaue auf die Welt kam. Die Deutsche Eishockey Liga hat das andersbegabte Tierchen flugs inklusioniert. Doch wir schweifen ab.

Mannheimer guckten sich erst staunend an, denn kaum einer, der nicht dort wohnt, wusste zu sagen, wo sich das Bösfeld befindet. Das ist aber noch lange kein Grund, sich nicht zu ereifern. Einen der klaren Mannheimer ersten Plätze galt es zu verteidigen: Die Population der Feldhamster im Bösfeld war die größte in Baden-Württemberg. Feldhamster!

Eishockey-Impresario Hopp-Vater und Hopp-Sohn ließen zehn Millionen aus der Stiftung springen, dazu kamen weitere 70 Millionen Euro. Wie beruhigt man öffentliche Gemüter? Durch symbolische Gesten.

SAP-Arena: Feldhamsterfreie Zone

Daniel Hopp sagte sich, pfeif auf die sauberen Fingernägel, informierte die üblichen Pressevertreter und siedelte eigenhändig eine Kolonie der edlen Wildtiere um. Selbst die wütigsten Bürger vergaßen glatt ihre Schnappatmung. 2003 begannen die Erdarbeiten, 2005 war das UFO gelandet, 2007 wilderte das Institut für Faunistik eine stattliche Anzahl der Tiere aus.

ES WAR EINMAL … EIN GANZ ALTER, EIN MITTELALTER, EIN NEUER ALTER UND EIN ZUGEDRÖHNTER HAUPTBAHNHOF

Wie viel kostet das Späßchen? 80 Millionen DM

Wir schreiben das Jahr 2000. Plötzlich hieß der Bahnhofsvorplatz Willy-Brandt-Platz, plötzlich stand dort ein Schild, das auf das französische Internierungslager Gurs und dessen Entfernung von Mannheim hinwies. Die Verkehrsbehinderung mussten Pendler grummelnd hinnehmen, den Staub, den Lärm, »des gonze Theada«.

Manchmal taugen auch die inneren Werte nichts

Wenigstens war in diesem Fall der Hauptzahlmeister die Deutsche Bahn, als das Gebäudeinnere vollkommen entkernt wurde. Na ja, es gab neue Läden. Na ja, es gab Nachtgastronomie zu erschwinglichen Preisen. Na ja, man mühte sich, die ganze Geschichte halbwegs gut zu finden. Aber dann.

Ehe noch der Volkszorn richtig erwachen konnte, standen aus dem Nichts zwei Wunderwerke der Hässlichkeit auf dem Bahnhofs*vor*platz. Die grauen Kotzklötze beherbergen heute die Personalvermittlungsfirma Hays, die Touristen (Des-)Information Mannheim und eine mittelprächtig exquisite Dönerbude. Ein Anwohner vom Lindenhof: »Des is alles so schnell gonge. Mer hodd sisch noch ned emo in Ruh uffrege kenne!«

ES WAR EINMAL … EINE FEDERAL GARDEN SHOW

Wie viel kostet das Späßchen? 70 Millionen Euro (um mal eine Zahl zu nennen, die genauso falsch ist wie alle anderen).

Buga 2023: Es geht um Kleingeld, es geht um Kleingärten, es geht um Kleinkrämerei. Böse Stimmen behaupten, dass das 19. Jahrhundert längst vorüber ist. Noch bösere Stimmen unken, Konrad Adenauer sei tot. Frechheit! Dabei zeugt der Fortbestand der Bundesgartenschauen bis in die Gegenwart, dass die Erfurter Idee von 1865 auch heute noch voll prima von allen angenommen wird, die planen, öffentlichkeitswirksam ihren Namen möglichst weit zu verbreiten. Apart-brutales Beispiel ist die Gartenschau in Hamburg 2013, ein fröhliches Gemetzel, wie vom Bundesverband der Zementmischer initiiert: Angeblich wurden zur Realisierung der IGS 2.500 Bäume gefällt, 4.000 Meter Hecken fielen im Gefecht, und eine 2.900 Quadratmeter große Feuchtwiese wurde trockengelegt. Hmpf. Gartenschau ja bitte, aber bitte nicht irgendeine!

Während dieses Buch entsteht, ist der Prozess noch wackelig. Die Spinelli-Kaserne und die Au in Feudenheim sind für das Spielfeld ausersehen. Einige Dutzend Kleingärten sollen »geschleift« werden. Im Grunde ist nichts dagegen einzuwenden, das Interesse der Allgemeinheit über das Interesse weniger zu stellen. Zumal wenn das Gebuddel formal auf demokratischem Boden steht. Und jetzt wird's knifflig. Hat doch der

OB gesagt, er wolle den Politikwillen durch den Volkswillen unterstützt sehen. Ein Bürgerentscheid. Feine Sache das, kostet Geld, ist aber irgendwie doch gerechter, und na ja, immerhin geht es um das große Ganze.

Der Wortlaut der zur Abstimmung stehenden Frage lautete: »Soll Mannheim zur nachhaltigen Entwicklung eines Grünzugs Nordost im Jahr 2023 eine Bundesgartenschau durchführen, die überwiegend auf dem Gelände der ehemaligen Spinelli-Kaserne und unter Einbeziehung einer maximal 16 Hektar großen Teilfläche der Feudenheimer Au unter Beibehaltung ihres Status als Landschaftsschutzgebiet stattfindet?« Anders gefragt: »Soll Günther Jauch König von Deutschland werden, wenn er verspricht, alle Löhne zu erhöhen (wenn's geht), die Umwelt zu retten und bei RTL wieder so schön zu moderieren wie früher?«

Wenn das Ergebnis nur nicht so müllig ausgefallen wäre. Symbolisch gesprochen ist die hochgeworfene Münze sekundenlang auf der Kante stehengeblieben, seufzte kurz (Haha! Kurz! Haha!) und fiel dann auf die Seite, wo ein wenig weniger Schmutz lag. 50,7 Prozent zu 49,3 Prozent.

Man denkt an die betrogene Wiederwahl von George Bush jr. Man denkt an das mit CDU-Geldern gekaufte Saargebiet in der Volksabstimmung 1955. Selbst Volksheld Peter Kurz fühlt sich unwohl in seinem gut sitzenden Anzug. Nun denn, das große Schipp-Schipp-Hurra dürfte wohl kommen, mit der einen oder anderen Modifikation und mit einer Hoffnung. Der historische Vorgänger 1975 nämlich erreichte in der Geschichte aller Bundesgartenschauen acht Millionen Besucher, also nach München den zweiten Platz! Vielleicht reicht es ja diesmal, diesmal endlich … mal schauen.

Es war einmal … Ausbau Block 9 GKM

Wie viel kostet das Späßchen? 1,2 Milliarden Euro

Von den Altriper Naherholungsgebieten aus, von den Campingplätzen, wo ganz überraschend auf einmal alle »Kumbls« sind, die Pfälzer, Odenwälder, Ried-Menschen, aber vor allem die Mannheimer plötzlich weinend vor Freude den Ludwigshafenern in den Armen liegen, von dort erfüllt das GKM, das Großkraftwerk Mannheim, einen ganz profanen Zweck als Orientierungshilfe: »Guggemo, do is de Rhoi!«

Wer die Autobahn 656 Richtung Innenstadt befährt, erkennt in der Reihenfolge ihrer Größe:

1. Großkraftwerk
2. Fernmeldeturm
3. Wasserturm

Streng genommen müsste man sagen: Großkraftwerk, und dann kommt lange, lange nichts. Die großen Stromerzeuger bescheren den Neckarauern das optische Zentrum Mannheims.

Von der Rheinseite aus stellt sich das Panorama etwa so dar: Schornstein – Kasten – Kasten – Schornstein – Kastenbaustelle – Schornstein. Die Kastenbaustelle zum Block 9 ist nun der Apfel des Zankes. Wollen wir nicht die Spitzeningenieure verulken, nur weil sie nicht fähig sind, Kästen zu zählen, na ja, der Ingeniör hat's ja bekanntlich schwör.

Die Kritik also lautet: Wie kann man Mitte der 2010er-Jahre ein neues (!) Steinkohlekraftwerk bauen? Die beteiligte MVV argumentiert, man wisse ja derzeit nicht genau, wie es mit dem Atomstrom weitergehe. In der Tat rudert die Bundesregierung ganz gerne mal vorwärts, seitwärts, rückwärts, und irgendwann klopft sie dem Stromkunden mit dem Ruder einfach auf den Kopf. Die Frage, ob die Betreiber in derselben Zeit mit demselben Geld nicht ein umweltfreundliches Kraftwerk hätten bauen können, muss man selbst beantworten.

Der Mannheimer Bürger regt sich in diesem Fall lediglich halb auf, denn es sind ja »nur« die Stromkunden, an die die Rechnung verschickt wird. Zehn Jahre Planung, sechs Jahre Bauzeit. Wusste man 1999, dass Steinkohle ein Umweltverbrechen ist? Ja, wusste man. Die Ausrede, dass die Katastrophe von Fukushima noch nicht passiert war, ist nicht nur billig, sondern gratis.

ES WAR EINMAL ... DAS COLLINI-CENTER

Wie viel kostet das Späßchen? Instandhaltung pro Jahr 800.000 Euro

Kann ja mal passieren, dass sich ein Architekt vertut, schlimmstenfalls sogar vertutet. In Berlin rumpelte das Dach der Schwangeren Auster (Konzerthalle) ein, in Köln rauschte das Stadtarchiv in den Untergrund des U-Bahn-Baus, die Schiersteiner Brücke in Mainz sackte um 30 Zentimeter ab – die Liste der einstürzenden Neubauten ist lang, die der Technikerfehler endlos.

Das Collini-Center war 1975 ein Smash-Hit, aber 1975 waren »Griechischer Wein«, »Paloma Blanca« und »Lady Bump« auch Smash-Hits. Das damals größte Wohnhaus Mannheims schaffte es binnen weniger Jahre, gar nicht mal so beliebt zu werden. War es die Form, war es der Beton, war es die Neckaruferbebauung, die weitaus spektakulärere Aussichten bietet? Zwischenzeitlich gab es im Hause Collini-Center mal Skandälchen um das Rotlichtmilieu, das ganz gerne die Anonymität unter 1.000 Bewohnern mag.

Doch der aktuelle Aufreger ist ein anderer: Die Fassade bröckelt. Ein Zaun im Abstand von fünf Metern wurde errichtet, um Passanten in sicherer Entfernung zu halten. Man könnte den Fall auf sich beruhen lassen, wenn es da nicht ein pikantes peinliches Pointchen gäbe: Das Technische Rathaus der Stadt Mannheim logiert im Collini-Center. Wie der Herr, so das Gescherr.

Nebulöser Zustand: Collini-Center

»Mir losse uns nix gfalle« ist das Mannheimer Mecker-Mantra. Aber sind Mannheimer die besseren HB-Männchen? Gibt es in Mannheim mehr Pfusch und Fehlplanung und Verschwendung öffentlicher Gelder als anderswo? Hat das lokale Schlafmittel MM einfach nicht genügend Themen, um seine Seiten zu füllen und ist dankbar, wenn es etwas gibt, womit sich spaltenweise die Leserbriefseiten vermehrfachen können? Können gar Kardiologen eine Erklärung dafür liefern, dass der Blutdruck des Zentral-Kurpfälzers leichter steigt, als der anderer Bundesbürger?

Noch ein letztes Beispiel: Im Casterfeld entsteht ein neues Bordell. Oder eben nicht. Die Verwaltung spricht von einem Gewerbegebiet, die Casterfelder sprechen von einem Mischgebiet. Wie kommentiert der Verfasser der Website Mannheim24.de den Vorgang? Mit den Worten »Da scheint ein (längeres) Hickhack vorprogrammiert! Um sich in das Gewerbegebiet einzuklagen, könnte der Investor bis vor das Verwaltungsgericht …« (Fußnote: In Heidelberg entstand soeben der erste Passivhaus-Puff. Wenn sich ein Heidelberger auf eine Psycho-Couch legen müsste, würde diese einfach wortlos zusammenbrechen.) Was aber vermittelt die Floskel »längeres Hickhack vorprogrammiert«? Da schimmert deutlich Häme durch. Jemand ist dabei, es »denen da oben« zu zeigen. Es geht gar nicht so sehr darum, wie berechtigt ein Vorwurf ist. Am Ende des Tages ist die Sache viel einfacher als gedacht: Warum regen sich die Mannheimer immer bloß so auf? Weil es den Mannheimern Spaß macht, sich aufzuregen.

Babbel-Bubbles

BELEIDIGUNGEN

Berschtebinner von: Bürstenbinder; oder: Burse (= früher Studentenhaus)	Alkoholkonsument

Dumme (Wortgruppe)

Isch hab jetz kee Baureschbreschschtund	Hab gerade keine Zeit für dich
Heiochs	dummer Kerl
Blinzelbien	naives Mädchen
Haffe	Dummkopf
Gretel	dummes Mädchen
Hamberle	Trottel
Aff	
Baurekobb, Pälzer	
Dappschädel	Dummkopf
Woschdlhuwa	umständlicher Mensch
Dollbohrer	
Dodderer	hat schlechtes Bier, Dodder, getrunken
Dummbeidl, Dummkobb	
Bohnebeitel, Bohnesimbl	
Knallkobb	
Gibbskobb	Blödmann
dalgisch	teigig, also dumm
Schwellkobb	
Bleedmonn	
Bleeder Haffe	

Eitle (Wortgruppe)

Grasaff	hochnäsiges Mädchen
Giggl	Angeber
Goggo vun Maroggo	
Großkotz	
Großgosch	
Affezibbel	
Deegaff	Teigaffe, eingebildetes Mädchen
Goggl, scheeler	
Affepinscher	

Freche (Wortgruppe)

Babsagg	
Baggaasch	
Bongert	

Geschwätzige (Wortgruppe)

Babbelgosch	
Dralaatsch	tratschende Frau

Hässliche (Wortgruppe)

Grindmaul	
Grabbe	hässlicher Mensch
Vogelscheisch	hässliche Frau
Elend, longs	abfällig für einen großen, dünnen Menschen
Hannebombl	schlottriger Mensch
Funzl	alte, langweilige Frau
Blottkopp	Glatzkopf

Affearsch	
Beele	hässliche Alte
Dombnudl	dickes Mädchen
Bumbel	dicke Frau
Gaggl	langer, auf-geschossener Mensch

Schwache (Wortgruppe)

Dorgel, Doaml	Schwächling
Brunztulp	
Schlabbeseescher	Feigling
Äädärmischer Däämel	
Heilsuus	
Bimberlies	wehleidiges Mädchen

Ungeschickte, Faule (Wortgruppe)

Flabbes	Faulpelz
Dappes	ungeschickter Mensch
Haagscheißer	Taugenichts
Draanfunzl	Lahmarsch
Ãäfänger	
Dulle	ungeschicktes Mädchen
Dollbatsch	
Doddl	Träumer
Dunzl	ungeschicktes Mädchen
Lahmaasch	
Dussl	unbeholfener Mensch
Knoche	fauler Bummler, Arbeitsloser
Bladdewichser	Herumlungerer

Diverses (Wortgruppe)

Aasch	
Alderle	
Aasch mit Ohre	
Babbaggei	
Bagaasch	Verwandtschaft
Beddseischer	Feigling
Belzenickel	Pelznikolaus
Bidscheer	alle zusammen (von Budget)
Bleedmonn	
Bloomaul	Großmaul
Blunz	dumme Kuh
Brilleglotzer, Brilleschlong	
Brunztulp	Weichei
Buddsau	schmutziger Mensch
Bullebeißer	bissiger Mensch
Bussierlabbe	Frauenheld
Dabbschädel	
Deiflsbroode	Draufgänger
Diggscheedl	
Dilldabb	ungeschickter Mensch
Dibblschisser	kleinlicher Mensch

Shobbing vun Dabbschädel fer Dabbschädel

Dollbohrer	
Dreggaasch, Dreggsack, Dreggsau, Dreggskerl	
Dreggsmensch	weiblich Variante von Dreggskerl etc.
Dreggsagg, Dreggsäggl	
Duddebabba	Krämer
Duggmeiser	
Faxemischel	alberner Mensch
Fegbese	
Fetze	Luder, umtriebiges Weib
Fiesch, Fieschkerl	brutaler Mann
Fledderwisch	leichtes Mädchen
Flittsche	
Fresssack	
Frischtl	durchtriebener Mensch
Gadofflkobb	
Gassebu	
Gauner	
Gifdnuddl	streitbare Frau
Gifdschisser	jähzorniger Mensch
Gischbl	aufgeregter Mensch
Glove	ungehobelter Kerl
Gnotze	
Gosch, Fress, Schnut, Schlerr, Maul, Schnawwl, Klabb	
Gracher, alter	Rentner
Graf Rods	Angeber
Grageeler	
Gratzberschd	keifige Frau
Gribbl	Krüppel
Grischa	Schreihals
Griwwelbissser	Meckerer

Gschnatzl	junges Leute
Gsoggs	
Gwadradsimbl	
Gwadschdande	
Gwadschkobb	
Gwadschmischl	
Gwerkobb	
Häämdigger	hinterhältiger Mensch
Hannebambl	
Hannewaggl	
Hewwl, Bauerehewwl, Odewälder Hewwl	Grobian
Hinggl, scheeles	
Hollebolle	ungehobelter Mensch
Hoschbes	aufbrausender oder zappeliger Mensch
Hosseschisser	
Howwl, „Blooß mer de Howwl" aus	„Leck mich am Arsch"
Huddl	Schlampe(r)
Huremensch (f)	
Huschdeguudsl	Blender
Huudsimbl	Dummkopf
Iwwerrhoiner	Menschen, die auf der anderen Seite des Rheins dahinvegetieren
Jammalabbe	Pienser
Kaggworscht	
Kamuffl / Kanuffl	Heuchler, dummer Mensch
Knodderhaffe	Meckerer
Laamsieder	Langweiler
Laggl	ungehobelter Mensch

Laschder, langes	großer Mensch
Lebbeduddl, Labbeduddl	alberner Mann
Lewerwoschd, beleidischdi	empfindlicher Mensch
Liegebeidl	Lügner
Linksdadsch	Linkshänder
Loopiffer	
Ludsch, faule	
Lumbebu	
Lumbehäfner	
Lumbehund	
Lumbekärl	
Lumbemensch, weibl.	
Lumbeseggl	
Lumbetier, weibl.	
Mensch, das	schlechte Frau
Mischdbien	schlechte Frau
Mischdkerl	
Mischdschdigg	
Moggl, digger	Dickwanst
Mollekobb	großer Kopf
Motzkoffer	
Mugger	Heuchler
Muschda (ohne Wert)	durchtriebenes Mädchen
Narrekaschber	Narr
Neggerschloimer	Neckarstädter (Schlamm)
Nengerer	Meckerer
Nerveseeg	
Nisskobb	Lausbub wörtlich
Oggs, Oggsebriggl, Oggsedrambl, Oggsekobb, Hornoggs	
Oos	

Orschl (Ursula)	ungeschickte Frau
Peif	Versager
Peifeheini	
Peifekobb	
Pienser	
Piensgredl	Heulsuse
Pinggl, foina	
Raiwer	
Raiwerknaisel	
Reff	böse Alte
Ribb	zänkische Frau
Rieserindvieh	
Rieseroß	Dummkopf
Rindsbeidl	dummer Kerl
Riwweleskobb	Sturkopf
Rodsbu	
Rodsleffl	
Rotznas	freches Kind
Ruwwl	rauhes Mädchen
Sagg, alder, bleder, lohmer	
Sauiggl	vulgärer Mensch
Saumensch	
Schadeeg, aldi (vealtes Buchrt)	seltsame Seniorin
Schbääbrenner	Geizhals
Schbinaadwachdl	aufgetakelte Frau
Schbitzbu	Schlingel, Krimineller
Schbrischbeidl	Angeber
Schdaawischer Bruda	unzuverlässiger Mensch
Schdierbeidl	sturer Mann
Schdroma	Kleinganove

Schdrundser	Angeber
Scheereschleifer	Dieb, Taugenichts
Scheisch	untauglicher Ehemann
Schinoos	böse Frau
Schlabbefligger	Pirmasenser (früher Schuhproduktion)
Schlabbmaul, Schlewwergosch	gesprächiger Mensch
Schlambambl	Schlampe, verballhornt
Schlawagg	Landstreicher, urspr. Slowake
Schlawiner	Schlingel
Schleimscheißer	Speichellecker
Schloofhaub	Schlafmütze
Schlori	schlampiger Kerl
Schlumbl	Schlampe (Puppe aus Stoff, um einen Stab gewickelt)
Schmaldsdaggl	Schönling
Schnaddergans	geschwätzige Frau
Schrauwedambfa	dicke Frau
Schwellkobb	Dickkopf
Seggl	von Sack oder Isaak
Simbl	
Sogge	Herumtreiber
Stobberknoddl	kleingewachsene Person
Sudelkoch	schlampiger Koch
Tibbmamsell	weibliche Bürokraft
Tomad, dreilosi	jemand, der sich rar macht
Trulla	mhd. Trülle (Dirne)
Tusnelda	naive Frau
Weschwaib	Plappermaul
Worschdlpeeder	jemand, der Verwirrung stiftet
Wudds	schmutziger Mensch
Zoddl	ungepflegte Frau
Zoddlbär	ungepflegter Mann
Zorniggl	jähzorniger Mensch
Zussl	ungepflegte Frau

Strandbad „Für die ganz Beschränkten"

CDU

Amtsperiode	Name	Partei	Ehrungen und Referenzen
seit 2007	Dr. Peter Kurz	SPD	
1983 – 2007	Gerhard Widder	SPD	
1980 – 1983	Wilhelm Varnholt	SPD	Wilhelm-Varnholt-Allee
1972 – 1980	Ludwig Ratzel	SPD	Ludwig-Ratzel-Straße
1956 – 1972	Hans Reschke	parteilos	Hans-Reschke-Ufer
1949 – 1955	Hermann Heimerich	SPD	Hermann-Heimerich-Ufer
1948 – 1949	Fritz Cahn-Garnier	SPD	Cahn-Garnier-Ufer
1945 – 1948	Josef Braun	CDU	Josef-Braun-Ufer
1933 – 1945	Carl Renninger	NSDAP	
1928 – 1933	Hermann Heimerich	SPD	Hermann-Heimerich-Ufer

Wer in Mannheim nicht SPD ist, ist entweder nix oder Nazi oder CDU-Mann und trotzdem Braun.

Seit 2014 ist Nikolas Löbel Kreisvorsitzender der sich christlich, aber trotzdem irgendwie demokratisch fühlenden Mannheimer. Nikolas Löbel hat viele Aufgaben. Und warum nimmt er so viele Ämter an? Weil er es kann! Der Chef der Mannheimer CDU weiß, dass die Fließrichtung von Schleim entgegen der sonstigen Physik nach oben führt. Nikolas Löbel kann zwar nicht erklären, weshalb die Mannheimer Roten schwärzer sind als die Schwarzen, und ob seine Partei sich deswegen in Lila kleiden muss. Doch der junge Mann lässt sich nicht von Ochs und Esel aufhalten. Was, das ist ein DDR-Spruch? Das haben die doch ganz klar im Westen klauen lassen.
Google-Ergebnisse:

- Keine Ergebnisse für »Intelligente CDUler Mannheim« gefunden.
- Keine Ergebnisse für »coole CDU Mannheim« gefunden.
- Keine Ergebnisse für »Löbel toller Typ« gefunden.
- Hier könnte Ihre Wahlwerbung stehen!

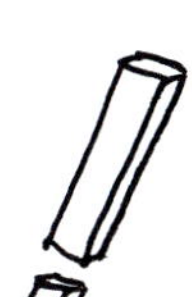

Wir durften Nikolas Löbel einen Arbeitstag lang begleiten und staunten nicht schlecht, denn das gehört sich so.

An einem normalen Achtstundentag mit einer halben Stunde Mittagspause bewältigt Nikolas Löbel ein übermenschliches Pensum:

8.00 Uhr

Nikolas Löbel schaut in den Spiegel. Die Frisur sitzt. Der Bildungsausschuss berät, ob die Schule mit den meisten Ausländern zubetoniert wird. Löbel nickt und twittert: »Kurz zementiert Bildungsprobleme.« Ha!

8.30 Uhr

Löbi trifft sich mit wichtigen Mannheimer Unternehmern. Manche heißen Dietmar, andere wiederum Per und Eckhard, na ja, und irgendein Jürgen ist dabei, außerbezirklich (LU?). Die sind echt ganz nett, bisschen alt.

9.00 Uhr

Sitzung der GBG. Welche Funktion hat Niki hier noch mal ...? Egal, wird schon auf dem Schildchen stehen. Ihm ist immer noch blümerant vom Zigarrenrauch der Unternehmer. Er tut so, als sei sein Gesicht ganz bleich, hat er mal im Seminar bei einer Yoga-Priesterin gelernt. Scheint zu klappen. Er darf früher gehen.

9.30 Uhr

Fraktionssitzung, Jugendthemen. Nikolas weiß Bescheid: Da ist er jugendpolitischer Sprecher. Sein Assistent hat ihm eine Rede vorbereitet über die Nähe zur Jugend. Nikolas sorgt dafür, dass zwischendurch sein Facebook piepst. In der CDU gilt das als »jung«. Der Trick klappt. Löbel brummelt halblaut »Tschuldigung, aber mein Webmaster möchte der Partei ein Gigabyte Webspace spenden«, und huscht zur Tür hinaus.

10.00 Uhr

Bezirksbeiratssitzung in Seckenheim. Jessasmaria, wieso ist die denn so früh? 90 Prozent der Anwesenden haben noch von gestern einen im Tee. Gestern war Begehung im »Deutschen Hof«. Für Maimarktgäste nächstes Jahr. Heute auf der Agenda: Umbenennung des Deutschen-Fertighaus-Centers in Nikolas-Löbel-Center. Den Antrag hat er selbst eingebracht. Wird mit über 100 Prozent der Stimmen angenommen. Das mit dem Zählen haben die Kollegen nicht so auf der Reihe. Bloemecke fragt, ob man da nicht auch eine Fertigbäckerei mit reinbauen könnte. Wieso sitzt Bloemecke eigentlich hier?

10.30 Uhr

Ausschuss für Sport und Freizeit. Löbel kommt auf Touren. Er hatte es lange in der Schublade liegen, aber heute lässt er die Bombe platzen. Mannheim soll Olympiastadt werden! »2030 oder 2040?«, fragt so ein grüner Arsch. Rechne doch selber, Mann! So eine große Idee, und am Tisch solche Kleinkrämer. Bäh. Nikolas löbelt sich mal wieder selbst. Wenn einer das kann, dann er. Der Antrag wird abgelehnt, aber zur Wiedervorlage vorgeschlagen. Na super! Da will wieder ein Roter die Lorbeeren. Abwarten, Kameraden!

11.00 Uhr

Die MVV lädt zum Ortstermin. Bewundern von Block 9 des Großkraftwerks. Er schüttelt Kurz die Hand. Was Kurz nicht wusste: dass Nikolas sich vorher Nasenpopel reingeschmiert hat. Das war für die Wahl, Kollege Kurz! Der blöde Block bläst gerade heute seinen Rauch in ihre Richtung. Was für Pfeifen. Können die nicht mal an so ’nem Tag ein bisschen ihren Saftladen in Ordnung halten? Löbel hat eine Idee, winkt den MM-Hofberichterstatter zu sich und sagt: »Bei Kleinkraftwerken kann so was nicht passieren, aber wir stehen hier vor dem zweithöchsten Gebäude Mannheims!« Allgemeines Gelächter. Kurz muss heimlich den Löbel-Popel an seine Hose schmieren. Geil.

11.30 Uhr

Im Jungbusch Shakehands mit dem Ober-Imam. Oh Gott, wie heißt der Kerl gleich noch mal? Dann will der immer irgendwelche Spenden für ein Waisenhaus irgendwo in Beyoğlu. War das jetzt ein Vorort von Istanbul, ein Stadtbezirk, oder doch so 'ne olle Raststätte? Löbel notiert das Wort »Nachgucken« in seinem Handy, nickt und lächelt. Eine Anwohnerin fragt, ob das Olympische Bootsrennen im Handelshafen oder auf dem Kutzerweiher stattfindet. Strike!

12.00 Uhr

Mittagessen in der Vogelstang-Schule. Sie freuen sich, dass er vorbeikommt, obwohl gerade kein Wahlkampf ist. Boah, diese Betonbewohner sind immer so direkt. Geschwind dichtet Löbel: »Geht es unserm Jungbusch fein, sag ich auch zur Vogelstang nicht nein.« Er plaudert mit der Deutschlehrerin über Dichter, erwähnt, dass er sein Büro in F3 hat. Wo Mozart residierte. Sie weist darauf hin, dass Mozart Musiker war. Besserwisserin.

12.30 Uhr

Der RNV. Oh Gott, wie er die hasst. Seit Jahren erzählen sie ihm, dass sie diesen wüsten Wabenquark auflösen wollen. Kein Mensch verstehe das, nur die nerdigsten Nerds. Ja Leute, was glaubt ihr denn, für wen das gemacht ist?

13.00 Uhr

Löbel simst seinem Sekretariat, er müsse noch in der Stadtbibliothek arbeiten. In der Stadtbibliothek ruft er an und sagt, er müsse im Sekretariat Akten zeichnen. Er legt sich zwei Stunden aufs Ohr.

15.30 Uhr

Wie lang manchmal zwei Stunden sind!

16.00 Uhr

Letzter Termin für heute: die Mannheimer Gründungszentren. Löbel klammert sich an zwei Sätze: »Wir dürfen auf keinen Fall die jungen Unternehmer vergessen!« und: »Das sage ich schon lange!« Heute geht es vermutlich um die hohen Unternehmenssteuern, Löbels Draht ins Bundeskanzleramt – er nickt! – und dass die Olympiabewerbung so oder so Ansiedlungsanreize für Mannheim darstellt. Wie blöd, dass heute keine Wahlen sind. Nikolas hätte mal wieder gewonnen.

Löbel hetzt seinem Feierabend entgegen. Doch auf seinem Schreibtisch in einem Geheimgang des Mannheimer Wasserturms liegt eine Interviewanfrage der Schülerzeitung »Pausenbrot«. Ihm schwant Schlimmes.

Fragen:

1. Was machen Sie jetzt mit Peter Rosenberger?
2. Wie ist es moralisch, ewiger Zweiter zu sein?
3. Was macht die SPD besser als die CDU?
4. Ist in der CDU-Parteimitgliedschaft die Gebühr für Therapiesitzungen inbegriffen?
5. Wie hat sich Mannheim nach Widder verändert?
6. Was ist der wichtigste Unterschied zwischen den beiden großen Mannheimer Parteien?
7. Wieso sitzt der CDU-Kreisverband in Heidelberg? (Ehrlich, in *Heidelberg*!)
8. Wie erklärt sich der Meinungswechsel zum Thema Buga 23?
9. Von welcher Partei ist der Nachfolger von Kurz?
10. Und wie heißt er?

Nikolas Löbel ist auch für solche Situationen voll ausgebildet (Jurastudium) und erstellt entschlusskräftig dieses uneingeschränkt flugtaugliche Gerät.

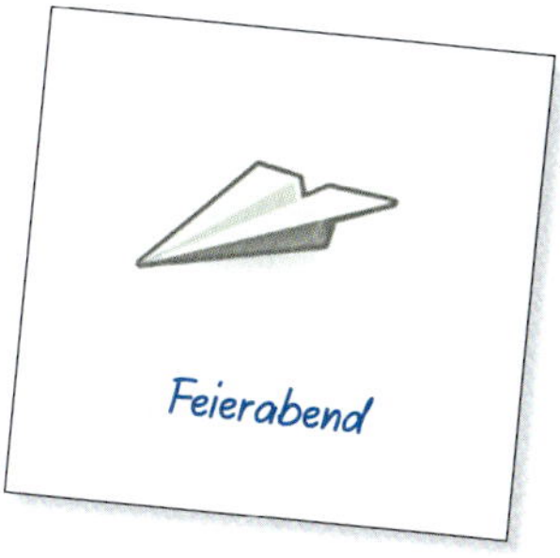

CHARLY GRAF

Die Version für Eilige: Vom Tellerwäscher zum Millionär und dann hin und dann her und dann zurück und dann und wann kommt man an. Die Version für Religiöse: Vom Saulus zum Paulus. Die Version für Schlagerfans: Für Charly tu ich alles!

Seine Biografie ist in drei Büchern und einer längeren NDR-Doku ausgebreitet, unweigerlich steht sie in der typischen, unverkennbaren Holzhackersprache der Erbsenzähler-Gilde in Wikipedia. »Und, stimmt's?« Eingangs hatte ich Charly gefragt, ob die Fakten zutreffen, aber nicht mit der Möglichkeit gerechnet, dass er noch nie seinen eigenen Wiki-Eintrag durchgelesen hat. »Wieso, was steht denn drin?« Bei den meisten anderen öffentlichen Personen würde sich der Verdacht aufdrängen, er wolle prahlen, habe es nicht nötig, sich in den schillernden Glanztaten seines Lebens zu sonnen. Aber bei Charles Graf ist dieses seltsame Verhalten glaubhaft. Und genau da liegt die größte und sonderbare Crux der Geschichte dieses Mannes.

Er ist mit Minimalbildung aufgewachsen und hat sich über Jahre in die Welt von Medien, Ranküne in der öffentlichen Verwaltung und Instrumentalisierung durch Amtsträger hineingeschlängelt. Mutig, tapfer und geduldig, als hätte er den alten Linken abgeschaut, wie man durch die Institutionen marschieren muss. Inzwischen ist die Rente in Sichtweite, haben sich die Kompromiss-Reibeflächen abgeschliffen, und es könnte sein, dass der Tag kommt, an dem er noch einmal zuschlägt – aber *ganz* anders.

Als der Waldhofbub ein Bub war, erlebte der SV Waldhof noch honorige Zeiten in der Zweiten Bundesliga Süd. Die

Fabriken hielten sich mit Filtern vornehm zurück, das Katalysatorauto war Science-Fiction, die Brennstoffe in den Häusern hießen Briketts, Holz und Gas. Nichts war nachhaltig, es gab keine Worte mit dem Vorsatz Öko- und Bio-.

Bevor aus Charly Graf gar nichts wurde, wurde zunächst einmal ein Asozialer aus ihm. Sein Mission Statement im nächsten Jahrtausend lautet: »Bevor ich einen resozialisiere, muss er erst mal sozialisiert worden sein. Das begreifen die meisten nicht.« Charlys Geschichte ist dunkle, ja finsterste Sozialromantik. Armut. Leere. Die Mutter mit Männergeschichten. Das Kind eines GI hatte keine Lust, der Neger zu sein. Neger war zugegebenermaßen zu seiner Schulzeit noch lange kein besonders böses Schimpfwort. Charly wurde Boxer. Boxer durften legal zuschlagen. Seine Punches waren hart, seine Augen schneller als die anderer. Charly siegte. Ende der sechziger Jahre war er die große Boxhoffnung. Große Boxer waren zu jener Zeit gerne im Rotlichtmilieu unterwegs. Charly wurde Vater, doch seine Ehe zerbrach. Er rutschte in die Illegalität, verkehrte mit Zuhältern.

Dann die Knastzeit, grandiose Ironie, dass seine Rettung in Stuttgart-Stammheim in Form eines Terroristen nahte: Er lernte Peter-Jürgen Boock kennen. Nominell ein RAF-Mann, bei genauerem Hinsehen ein damals etwas naiver technischer Helfer, viel mehr nicht. Dennoch verbüßte Boock eine enorm lange Haftstrafe und musste per Gerichtsbeschluss durchsetzen, dass er anderen Häftlingen begegnen durfte. »Zwei Stunden am Tag. Ich sollte dem Boock Boxen beibringen. Und er sollte mir Literatur zeigen. Was hab denn ich schon gewusst? Da war zum Glück eine ziemlich gut sortierte Gefängnisbücherei, Faulkner, Dostojewski, Hesse, Brecht ..., das kannte ich ja alles nicht.« Und er entdeckte eine neue Welt.

Nach seiner Haftentlassung begann das moderne Märchen. Eine längere Zeit im Allgäu und eine gescheiterte Beziehung später, lernte er ein neues Mannheim kennen. Und Mannheim lernte einen neuen Charly kennen.

Aus heutiger Sicht klingt alles zu glatt. Wie er Sozialarbeiter wurde. Zuerst unentgeltlich, dann in einem richtigen Angestelltenverhältnis. Dann zur Ikone der Läuterung, die auf Empfängen mit Herrschaften aus dem Politikerglitsch und Damen aus dem Sozialpädagogikglitsch zu parlieren wusste.

Paar aufs Maul, Paul. Einen in die Fresse. Einen wegpolieren. Ruckzuck hängt der Kiefer tiefer. Noch ein Spruch, Kieferbruch. Maul, sonst Beule ... Mannheim ist reich an sprachlichen Gestaltungsmöglichkeiten von Gewalt. Charly ballt die Faust nur noch in der Tasche. Und für pädagogische Zwecke. Oder?

Äh, bitte wo? »Mhafzeh.« Der Mann nuschelt am Telefon. Probieren wir es mit der Adresse. »Msand.« Aha ... »Weesch, wo Feierwachundrock«. Oh Gott! Soll ich doch auf ein E-Mail-Interview umsteigen? »Um zwölfe.« Keine Frage an mich. Eine Mitteilung. Er hat längst aufgelegt.

Es sind 35 Grad an diesem Vormittag im Juli. In manchen Stadtteilen fällt der Strom aus. Ein Sonnenstudio hängt ein handgeschriebenes Schild raus: »Heute ab 12.00 Uhr wegen hitzefrei geschlossen.« Mannheimerinnen pressen ihre Schuhabsätze in die Teereinfassung der Straßenbahnschienen, um sich zu verewigen.

Der HFC, der Health & Fitness Club, ist schwach frequentiert. Charly pumpt ein paar Platten Metall. Er sitzt in mehreren Litern von seinem Saft, steht auf, lächelt und reicht mir seine Pranke. Ich habe gar keine Zeit, mich zu sorgen, dass er meine Hand schwupps zermalmen könnte. »Ich bin der Charly. Willst draußen oder drinnen? Ja gut, lass mir gerade noch fünf Minuten, okay? Hier drin ist es halt so laut.« Wir setzen uns an den entlegensten Tisch, der noch im Schatten liegt und bestellen Isotonisches aller Art. Charly raucht.

»Ich war zwölf Jahre lang im Allgäu. Ich war verheiratet, dann ist die Ehe in die Brüche gegangen. Im Allgäu mit Familie, das war okay. Aber wenn du im Allgäu alleine lebst ... Das wollte ich mir nicht antun. Und deswegen bin ich zurückgekommen nach Mannheim. Mich hat im Prinzip jeder gekannt. Ich die Leute aber weniger.«

Hast du nach deiner Rückkehr deinen kompletten Freundes- und Bekanntenkreis ausgetauscht? »Anfangs ja. Aber letztlich kommt das immer auf den einzelnen Menschen an.« Du wohnst heute im Herzogenried. Ist das aus einer Art Nostalgie oder Solidarität? »Das ist eine Kostenfrage. Klar, ich hätte nix dagegen, in Feudenheim oder Neuostheim zu wohnen.« Charly nimmt sich 'ne Kippe.

Wie hat sich die Gegend Herzogenried, Waldhof im Gegensatz zu früher verändert? Haben es die Jugendlichen schwerer oder leichter? »Es hat sich so gesehen nichts groß verändert, die Schwierigkeiten sind dieselben wie damals auch. Die Leute werden aber heute nicht mehr ganz so stigmatisiert. Die soziale Kompetenz ist besser geworden.«

Wie lange bist du Sozialarbeiter? »Insgesamt 15 Jahre, davon acht Jahre ehrenamtlich.« Ist das nicht frustrierend, wenn du weißt, du kannst nur ein paar von den Jungs rausholen? »Ein paar sind besser als keiner. Wenn das Elternhaus zum Beispiel nicht passt, ist es schwer, dagegen anzukommen.«

Gab es zu deiner Zeit mehr moralische Vorbilder? »Auf jeden Fall. Zum Beispiel in der Arbeitswelt, das Verhältnis Angestellter – Chef war ein völlig anderes. Ich komme in den Schulen gut klar, mit den Kindern und den Lehrern. Aber es gibt noch eine zweite Ebene. Was auf der Sponsorenseite ist ...«

Wir haben nun eine Weile umeinander getanzt. Charly war als Boxer jemand, der einen Gegner sehr genau ausgucken konnte. Und da er nicht mal sich selbst googelt, wird er über mich sicher gar nichts wissen. Er schöpft mehr Vertrauen.

Führst du direkte Sponsorengespräche? »Ne. Wir haben eher ein emotionsloses, ein geschäftliches Verhältnis.« Du hast zum Beispiel mal eine Trainingseinheit mit den Mannheimer Jungadlern gemacht. Um den Nachwuchs-Profisportlern zu zeigen, wie ein Boxer denkt. Machst du oft solche Sachen mit Vereinen? »Eigentlich nicht. Ich mache eher solche Kurse mit leitenden Angestellten der Stadt.« Das klingt zunächst wie: leidende Angestellte ... »Aber auch mit normalen Leuten. Und in Heimen bin ich auch aktiv.«

Sein körperlich rechtes Auge schaut scheinbar ins Sternbild Orion. Sein offenbar gesundes schaut mich manchmal an, manchmal die Tischplatte oder den Parkplatz nebenan. Nicht einfach. Machst du dir eigene Pläne, wann du mit den Jugendlichen arbeitest? »Natürlich!« Könnte ja sein, dass jemand von der Stadt da bestimmte Vorstellungen hat. »Ich bin zwar kein ausgebildeter Pädagoge, aber das kann ich schon noch«, grinst er.

Haben die Jugendlichen Schiss vor dir? »Respekt, aber keinen Schiss. Wir sind alle per du. Da ist ein Vertrauensverhältnis. Ich erzähle denen viel von mir. Wir reden über Gewalt. Nur ängstliche Menschen sind gewalttätig. Dumme Menschen sind gewalttätig. Wenn ich denen sage, dass man nur aus Angst gewalttätig wird, sind viele überrascht.«

Hatte sich die Stadt nach deiner Rückkehr verändert? »Im Allgäu hatte ich ein ganz anderes Umfeld gehabt. Da habe ich eine Weile gebraucht, um hier wieder zurechtzukommen. Als ich am ersten Tag am Hauptbahnhof ankam, habe ich meine Koffer abgegeben und wollte mir erst mal ansehen, wie sich die Stadt verändert hat. Ich ging an einem Bistro vorbei, da kam der Inhaber raus und sagte: ›Mensch, Charly! Du bist wieder da.‹ Ich hab den gar nicht erkannt. Dann hat er mich reingebeten, wir haben ein paar Wein getrunken. Dann sagte er, er habe ein Geschenk für mich. Ich ging mit ihm in seine Küche. Und er sagte mir: ›Ich schenke dir diesen Ring. Der ist zehntausend Mark wert!‹

Im Laufe des Gesprächs habe ich schon gemerkt, mit wem ich's zu tun hatte. Ich kannte den wirklich von früher. Seine Frau war auch da, und ich fragte sie, ob ich das annehmen kann. Und sie meinte: ›Klar, das kommt von Herzen.‹ Ich hatte gerade mal 300 Mark, keine Wohnung, nix. Den Ring ins Pfandhaus bringen, klang gut. Dann sagte er: ›Du, ich bin so ein Fan von dir. Die ganzen Pokale und was du so hast, das wären tolle Schmuckstücke für mein Lokal.‹ Dann bin ich halt von meinem bisschen Kohle am nächsten Tag mit dem Zug wieder ins Allgäu gefahren und habe die ganzen Pokale eingesammelt. Aber den Kranz, den Siegerkranz konnte ich nirgends einpacken. Ich musste in Ulm und Stuttgart umsteigen, mit dem Kranz um den Hals. Es war ein schöner Sommertag, die Leute haben gedacht, ich wäre aus der Psychiatrie ausgebrochen. Dann hab ich dem Typen den Kranz gebracht.

Am nächsten Tag ging ich mit dem Ring ins Pfandhaus und dachte, wenn der 10.000 wert ist, nicke ich bei ungefähr 3.000, davon kann ich schon mal Miete und Kaution und so weiter berappen. Der Pfandleiher wollte mir aber für den Ring maximal 60 Mark geben! Da habe ich gemerkt: Ich bin in Mannheim. Nur wenn man zwölf Jahre im Allgäu lebt, kann man denken, dass einem einer einen Ring im Wert von 10.000 schenkt.«

Ein befreundeter Journalist meinte, wenn er so jemanden interviewen würde, würde er auf jeden Fall vorher selbst mit ihm in den Ring steigen, um ihn kennenzulernen. Ich gebe zu, eine Sekunde lang darüber nachgedacht zu haben. Manche Leute schwimmen ja auch mit Haifischen im Meer herum. Aber so im Sitzen, in seinem Habitat, mit dem verschwitzten Handtuch zwischen uns auf dem Tisch, fühlt sich alles viel kommoder an.

Hast du aus früheren Zeiten noch alte Rechnungen offen, Stichwort Lupinenstraße? »Ich bin 25 Jahre da weg.« Haben Leute auf dich noch einen Groll? »Im Gegenteil. Ich treffe hin und wieder zufällig Leute auf der Straße, aber ich bin da entspannt. Unangenehm sind eher Menschen, die mich vereinnahmen wollen.« Hast du noch Verbindungen zur aktuellen Boxszene in Mannheim? »Nein, eigentlich nicht. Es gibt halt ganz wenige Aktive. Das sind alles Freizeitsportler, keine Profis. Die trainieren nur. Die Amateurboxszene findet quasi außerhalb der Öffentlichkeit statt.«

Gab es für dich jemals eine andere Option zu Mannheim, vielleicht Frankfurt, Berlin, Hamburg? »In der Zeit, als ich den Job ehrenamtlich gemacht habe, wäre ich sofort weggegangen, wenn ich ein Angebot bekommen hätte. Ab einem bestimmten Zeitpunkt bot man mir dann einen festen Vertrag an. Dann habe ich das Gleiche gemacht wie vorher auch. Nur eben jetzt für Geld.« Er lacht.

Bezogen auf die Lokalpolitik hält er sich mit Kommentaren zurück. Aber bundesweit sind Nahles, Gabriel, Steinbrück für ihn keine echten Sozialdemokraten. Wo müsste die Stadt Mannheim etwas an sich verändern? Charly denkt sehr lange nach. »Es gibt Schulen wie zum Beispiel die Hans-Zulliger-Schule. Das ist die optimale Schule. Da sind pro Klasse zwölf Kinder und zwei Lehrer. Aber das flächenmäßig zu machen, ist wohl Utopie.«

Du bist ja nicht nur lokal aktiv. »Bundesweit. Letztes Jahr war ich zum Beispiel zweimal in Adelsheim im Jugendgefängnis. Stammheim hat mich jetzt wieder angefragt.« Warst du selbst ein schwieriger Knacki? »In einem gewissen Sinn schon ... Wenn heute einer Hafturlaub haben will, redet er gegen seine Überzeugung den Verantwortlichen nach dem Mund. Und das wird honoriert, ohne dass er sich tatsächlich geändert hat. Und so war ich aber nicht.«

Warst du eine Gefahr für die anderen Häftlinge? »Überhaupt nicht. Aber die Beamten haben mich nicht wirklich gemocht. Ich habe mich halt nicht bestechen lassen. Die haben mir auch Urlaub angeboten. Das hat auch mit meiner Jugend zu tun. Mit den Benz-Baracken, wo ich aufgewachsen bin, da vorne. Da gab es keinen Rassismus. Es gab Gewalt, aber keinen Rassismus. Den Rassismus habe ich immer nur im bürgerlichen Lager festgestellt. Deswegen habe ich in früheren Jahren alles abgelehnt, was Normalität verkörpert.« Angeblich gab es damals über 300 Mischlingskinder. »Die Zahl kenne ich nicht. Aber jedenfalls waren es überdurchschnittlich viele.«

Die Benz-Baracken sind aus einem ganz anderen Grund bundesweit bekannt geworden. Erinnerst du dich noch an den Namen Zehnbauer? »Auch nur durch die Medien. Die ist ja vorgeführt worden. Das war einfach erbärmlich. Die Frau war eigentlich keine Witzfigur, sondern bemitleidenswert. Sie wurde hochgepusht und dann wieder fallengelassen.«

Meinst du, man sollte die Baracken abreißen? »Ja, und was ändert sich dann? Sagen wir mal so: Wenn ich die Familien verteile, auf den Lindenhof, nach Feudenheim, dann sieht das schon wieder anders aus. Es geht um die Mischung. Weil es hier so geballt ist – das ist das wahre Problem. An der Humboldtschule in der Neckarstadt gibt es kein deutsches Kind. Die Pfingstbergschule hat einen gesunden Ausländeranteil. Die hat bundesweit bei einem Wettbewerb den zweiten Platz gemacht, von Bundespräsident Gauck ausgezeichnet. Und die sind von sozialen Brennpunkten umgeben, Rheinau, Hochstätt. Die sind eine Ganztagsschule bis 16 Uhr. Nach 13 Uhr holen die Quereinsteiger dazu [als Betreuungs- oder Lehrkräfte]. Wenn man die Schüler einfach nur machen ließe, würden die chillen und Scheiße bauen.«

Als Talkgast bei »Anne Will« fragte man ihn nach seiner Berufsbezeichnung. Er sagte, er sei Sozialarbeiter. Dass Charly solche Formfehler von einer parteinahen Organisation vorgeworfen werden, überrascht Außenstehende vielleicht nicht. Charly schon. Er dürfe sagen, dass er soziale Arbeit macht. Aber er dürfe nicht sagen, er sei Sozialarbeiter.

Was machst du, wenn du das Gefühl hast, bei einem Kind kannst du gar nichts ausrichten? »Ganz klar, ein paar fallen durchs Raster. Manche habe ich auch im Gefängnis wiedergetroffen. Das kommt natürlich auch vor. Andererseits gibt's auch Fälle, wo ich viel erreicht habe. Einer zum Beispiel war völlig von seinen Lehrern aufgegeben; sie sagten ihm eine hundertprozentig kriminelle Karriere voraus. Eine Weile später habe ich ihn wiedergetroffen, da war er Filialleiter bei Lidl.«

Du bist Jahrgang 1951 – die Rente steht eigentlich schon an. Willst du die eigentlich, oder bist du so ein ewiger Unruheständler? »Ich kann es mir gar nicht erlauben, in Rente zu gehen. Aber mir wird nichts anderes übrig bleiben. Mal sehen, wie's dann weitergeht.«

Bist du ein schwieriger Typ? »Ich bin kein Diplomat, aber nicht schwierig.« Eigentlich ein ganz normaler Mannheimer. »Ein ganz normaler Mannheimer.«

Dein aktuelles Kampfgewicht? »Circa 115 Kilo. Ist okay, kann man mit leben.« Du bist schon ein kleiner regionaler Star. »Ich kann damit leben, es gibt Schlimmeres.« Du hast ja auch was geleistet. Er senkt die Stimme: »Balle flach!«

MANNHEIM AUF DER COUCH I

Doktor Thomas Hollstein tut das, was ein gut erhaltener Arzt in den besten Jahren tut. Er umgibt sich mit einer kreglen Schar junger Sprechstundenhilfen, Azubinen und Praktikantinnen. Wenn sein Leben auch nur halb so glücklich ist, wie es die Umstände scheinen lassen, hängt er Gustav Gans lässig auf der Überholspur ab. Die Kasse stimmt, die Arbeitszeiten überschaubar, die Praxis innerhalb Mannheims in Eins-a-Lage mit Sternchen und Extrasahne drauf.

Außer an heißen Sommertagen. Da spürt er jedes Grad da draußen dreifach, denn in seiner Praxis kann aus technischen Gründen keine Klimaanlage eingebaut werden. Wenn am Wasserturm 30 Grad sind, herrschen bei ihm 35. Draußen aber 35 Grad heißt drinnen 40. Mindestens.

Doktor Hollstein, seit wann praktizieren Sie in Mannheim? »Als Arzt arbeite ich hier seit 1992. Aber Mannheim kenne ich schon immer, denn ich kam 1976 in die Region, damals zunächst nach Heidelberg. Da habe ich eher den Blick aus der Ferne gehabt.«

Woher stammen Sie? »Ich bin in Backnang geboren, zwischen Heilbronn und Stuttgart.« Ach! Der Hammermörder aus Backnang. Der deutsche Polizist, der sechs Leute ermordete. Kein Wunder, dass Sie in der Psychiatrie Ihr Geld verdienen. (lacht) »Da war der Hammermörder schon weg.«

Was sind Sie präzise von Beruf? »Von der Spezialisierung her bin ich nervenärztlicher Allgemeinarzt, mache alles querbeet. Etliche Patienten behandeln wir das ganze Leben lang; wie ein Hausarzt sozusagen. Oft kommen auch die Familienangehörigen. Psychische Erkrankungen bleiben nun mal oft lebenslang. Und die Patienten sind ausgesprochen treu.«

Lassen Sie uns die Stadt auf die Couch legen. Kommen wir nicht direkt zu ihrem Mutterkomplex, fangen wir vorne an, in der Kindheit. Leidet Mannheim unter den übermächtigen großen Geschwistern? Berlin, Frankfurt, München? »Schwierige Frage. Ich bin ja durchaus unterwegs in diesen Städten. Hmm … Mannheim hat im Laufe der Jahre ein anderes Selbstverständnis entwickelt. Der Mannheimer ist auch nicht mehr der gleiche wie 1976, als ich in die Region kam. Heute haben wir hier 40 Prozent Migrationshintergrund. Haben 170 Nationen, sind fast an Manhattan dran.«

»Es gibt ja die Kultausländer, Bülent und Xavier und Laith. Da hat sich viel aufgefrischt. Das Nationaltheater ist auch jünger geworden. Die alten Mannheimer hatten eine große Liebe zum Nationaltheater, sogar aus der Arbeiterschicht, die Abgearbeiteten, Fußkranken, Lahmen, die sich da nach Feierabend eine schöne Stunde gemacht haben. Da bewegt sich heute mehr. Da ist mehr Selbstbewusstsein. Anderes Beispiel: Die BWL an der Uni spielt mittlerweile in der ersten Liga, nicht nur national. Wenn man es größer nimmt, ist das der Wandel, weg von den Motorenwerken, hin zur SAP. Es gibt viele solche Entwicklungen.«

Wo ist der Mannemer Dreck? (nickt) »Das war das Markenzeichen. So hat es gerochen, und die Atmung ging wirklich schwerer. Und es roch nicht nur nach Schokinag. Man sah von Heidelberg aus kommend immer die Dunstglocke über Mannheim.«

Kann eine Stadt als Ganzes eine Neurose entwickeln? »Ouh, das ist Massenpsychologie. Da müssen Sie einen Psychologen oder Soziologen fragen.« Ist gerade keiner da. Sehen Sie eine neurotische Tendenz?

Hollstein vergleicht Mannheim mit Manhattan – kommt jetzt das Klischee, dass Nervenärzte einen Hau haben?

»Ja, aber ich bin Laie. Der Mannheimer, den ich kenne, ist ein pragmatischer, einfacher Mensch und ziemlich geradeaus. Eine neurotische Tendenz sehe ich eher bei den Heidelbergern. (lacht) Der Anspruch dort ist ein ganz anderer.«

Ist die historische Bürde der einstigen Residenzstadt zu groß? »Wenn man das geschichtlich sieht, fand da eine vielversprechende Entwicklung ein jähes Ende. Viele Institutionen damals gingen auch mit dem Kurfürsten weg. Als Kompensation ist das Nationaltheater ganz nett, das hat aber eine Weile gedauert. Erst mit Entwicklung der Schifffahrt und der Stahlindustrie entwickelte sich ein neues Gesicht. Die Wirtschaft mit Mühlen und Hafen. Aber das war die zweite Hälfte des 19. Jahrhunderts. Die erste Bahnstrecke von Mannheim aus führte nach Heidelberg. Tulla hat den Rhein begradigt, danach ging es richtig los. Zollvereine, Gründerjahre.«

Hat eine Stadt etwas wie einen Rhythmus, eine Lebensgeschwindigkeit? »In Mannheim ist es auf jeden Fall ein einfacher Takt, zwei Viertel, vier Viertel. (lacht laut) Manchmal auch etwas Polonäse. (lacht) Aber nicht unlustig. Wenn ich so gucke ... Berlin hat eine ganz andere Pace. Und wenn ich nach Paris schaue, das ist dann schon Rakete. Das sieht man auch künstlerisch: Wenn Sie da Stand-ups auf der Bühne erleben, das ist 'ne andere Art. Als Bülent anfangs im Capitol aufgetreten ist, da hat er viel mit dem Publikum gemacht.«

Leidet die Stadt unter dem Identitätswechsel von der Arbeiterin zur Dienstleisterin? »Bülent und Luigi Toscano sind alles alte Charaktere. Die wirken mittlerweile wirklich etwas abgehoben, entwurzelt. Bei Bülent war oft richtiges offenes Pingpong. Die Figuren sind ja auch Mannheimer Stadtteile. Die mit de Hoar, die Annelies, ist Oststadt. Der Momfred ist Waldhof.«

Kann man Mannheim therapieren? »Also, ich bin ja Teil der Geschichte; und ich finde es spannend und positiv. Dadurch entsteht viel Interessantes. Ich sehe im Grunde kein Problem. Das kann aber bei anderen Leuten anders sein. Ich kann ja ein bisschen drauf gucken, bin nicht so der Tradition verpflichtet.«

Stellen die Quadrate, die Planstadt eine Hypothek der Künstlichkeit dar? »Die Quadrate, ja, die sind in den Köpfen. Sie sind natürlich ein Alleinstellungsmerkmal. Ich muss immer über die Auswärtigen schmunzeln, die ums Quadrat laufen, wenn sie etwas suchen. Was man nicht versteht, ist, dass die Mannheimer denken, sie hätten was mit New York gemeinsam.« Hurra, ich habe einen gefunden, der Mannheim mit New York vergleicht!

Welche Rolle spielt Mannheim als größte Stadt der Region? »Man kann das lokal schon so sehen. Die Region bekommt mehr und mehr Bedeutung: 2,5 Millionen in der Metropolregion – das wächst schon mehr zusammen, es ist nur furchtbar zersiedelt. Mannheim ist aber ein Spot. Mannheim spielt hier schon eine zentrale Rolle.« Und welche? (lächelt) »Heidelberg, die feine. Mannheim, die ... weiß nicht. Vielleicht die Einkaufsstadt. In der Region ist der Einzelhandelsbereich in Mannheim der einzige mit Zuwächsen.«

Braucht die Stadt eher Tranquilizer oder Aufputschmittel? »Gute Frage, kein Tranquilizer! (schmunzelt) Ich denke, die Stadt hat viel Potenzial. Ob es aber so weiter geht, weiß man nicht. Keine Antidepressiva. (denkt nach) Der alte Mannheimer war ja recht stolz; auf Sepp Herberger et cetera. Mannheim war aber dreckig, Arbeiter mit Schmuddelimage. Am Image was machen – das ist der beste Tipp!«

Der Textanfang lautet:

Alt Heidelberg du feine
Du Stadt an Ehren reich
Am Neckar und am Rheine
Kein andre kommt dir gleich

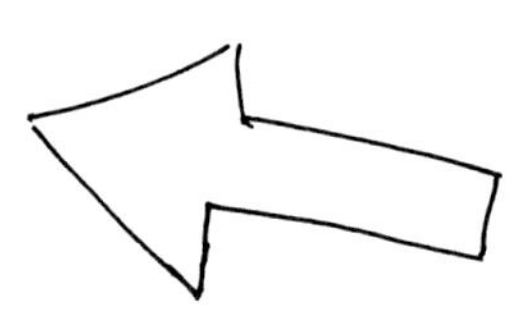

»Am Neckar und am Rheine«? Joseph Victor Scheffel hatte entweder einen im Tee. Oder er hat in Wahrheit Mannheim besungen, sich dann dafür geschämt und »Bearbeiten, Ersetzen« geklickt: Mannheim durch Heidelberg.

DESTILLE NR. 13

Etwas Dunkles, Geheimnisvolles, aber stark Lockstoff Verströmendes geht von solchen Kneipen aus, die sich durch mehr auszeichnen, als an einer Ecke zu liegen und dies im Hochparterre. Details wie Butzenscheiben, die Waldhof-Fahne im Fenster, schweigende, würdevoll gealterte Balken, die die Theke scheinbar auch noch in ein nächstes Jahrtausend zu tragen in der Lage wären, Qualm, der nicht aus elektrischen Zigaretten stammt, ein in der Luft hängendes allseitiges »du«.

Der Wirt heißt Robert Wittenzellner, ist leicht untersetzt, trägt Bartkraut-Gewuchere und erfüllt eine Vielzahl von Klischees, die dem Berufsstand anhaften. Er könnte auch Kunde sein. Ja, manchmal ist er auch Kunde. Sein Thekenbereich ist ein Ort des klaren Herrschers: die Wege nicht allzu weit, kompakt, aber nicht allzu eng. Dass sich der Wirt bei der Bestellungsannahme leicht vorbeugen muss, bringt einander näher.

Ich frage Robert, wer seine Gäste sind. Mit dieser Frage kann eine Tür aufgehen, denn vielleicht hat der in-

Mein Hut, der hat drei Ecken, und liegt unter der Theke

terviewte Wirt Lust, endlich mal auf die elende Bagage zu fluchen, die mit dem Trinkgeld geizt, die Toiletten unschicklich verunziert oder Gläser ungefragt auf Dauer für Zuhause ausleiht. Mit dieser Frage kann aber auch eine Tür zugehen, denn schließlich steht man inmitten der Kneipe und kann ja wohl selber hingucken. In diesem Fall geht die Tür auf. Ich kenne Robert nicht, finde ihn schwer einzuschätzen. Eine Miene zu verziehen, ist nicht seine Art. Rumpelig bayrisch direkt, das ist seine Art.

»Meine Gäste, willst wissen? Alles dabei.« Das was ich sehe, widerspricht dem. Männer, ein bisschen oder ein bisschen mehr über der Lebensmitte ohne Abitur, viel Handwerk und Gewerbe. AC/DC-Bauch, Black-Sabbath-Bart, Kiss-Glatze. Freilich kann ich mich täuschen. Aber Robert kann das auch ... Blödsinn! Der Mann führt den Laden seit 14 Jahren, doch dazu später. »Hier ist alt bis jung. Student bis Anwalt. Bis Hartz IV.«

Ich unterhalte mich mit einer Dame an der Theke in den hohen Fünfzigern mit unregelmäßigen Zähnen, die mir von den Schlaganfällen ihres Bruders erzählt, von der hohen Miete in seinem Männerwohnheim, von den Asylanten, denen man es hinten und vorne hineinschiebe. Ich breche das Gespräch durch Schweigen ab, auch wenn sie gerade in der Laune ist, Getränke auszugeben, um ihren Geburtstag nachzufeiern. Als sie geht, lässt sie ein fast volles Glas Pils stehen. Die Sonne ist noch nicht lange untergegangen.

Ich frage den Wirt weiter. Was trinken die Gäste? »Die Meisten trinken Jever, das ist hier Tradition. Ich hasse Eichbaum wie die Pest.« Wenn ich das schreibe, könnte ihm das aber Ärger bereiten, werfe ich ein. »Das ist mir wurscht.« Bayer bleibt Bayer. Wir simpeln fach über bayrische Biere, wie viel besser die doch sind, und er bringt es auf den Nenner: »Du hast in jedem Kuhdorf in Bayern zwei spitzen Brauereien. Und mit

Eichbaum und Welde hast du hier in der Großstadt zwei derart beschissene.« Nein, die Diplomatie hat er nicht erfunden.

Im Nachhinein wundere ich mich, dass ich mich erkundige, wann in der Destille Rushhour ist. Im Vorhinein habe ich aber schon Gasthäuser aufgesucht, deren Klientel sich auf andere Weise generiert, zum Beispiel vor oder nach Eishockeyspielen voll ist. Hier jedoch verläuft alles wie im Lehrbuch, Freitag und Samstag ab 22 Uhr bis nachts um drei ist die Bude voll. Und was heißt »voll«? Robert schwenkt den Arm über die Theke Richtung Fenster. »Voll halt. Da kommscht net durch! Aber ganz ehrlich, mittags ist es gemütlicher, lustiger.« Das sagt einer, der seinen Job kann. Und er macht diesen Job »... seit 17 Jahren. Davor habe ich aber Koch gelernt. Ich bin wie das Huhn zum Ei gekommen. Ich habe mich in Neckarau in der Kneipe mit jemand unterhalten. Und der erzählte mir, dass diese Kneipe hier einen Nachfolger sucht.«

Fühlt sich die Situation nicht an wie die Blaupause allen Mannheimer Tuns? Ich habe mich in Neckarau in der Kirche mit jemandem unterhalten. Und der erzählte mir, dass die Trinitatiskirche einen neuen Pfarrer sucht. Ich habe mich in Neckarau im Diakonissen-Krankenhaus mit jemandem unterhalten. Und der erzählte mir, dass das Klinikum einen neuen Oberarzt sucht. Ich habe mich in Neckarau im Großkraftwerk mit jemandem unterhalten. Und der erzählte mir, dass Biblis einen neuen Inhaber sucht.

Ich schaue mich um. Sky mag damals noch Premiere geheißen haben, die historisierenden Blechtafeln von Getränkeherstellern, der achteckige Zapftisch inmitten des hölzernen Thekenrechtecks, die drei Spielautomaten an der Wand: offenbar hatte Robert wenig Grund oder Lust, etwas zu verändern, mit einer Ausnahme. »Ich hab manche Gäste rausgeschmissen. Die, die sich blöd benehmen. Ja, was ist blöd benehmen? Wenn einer an die Schmerzgrenze geht. Schlägerei sucht zum

Beispiel. Wo's Ärger gibt. Leute, die andere beleidigen. Das war wohl der Fehler von meinem Vorgänger. Ich hab dieses Problem fast ausgerottet. Und danach sind auch alte Gäste wiedergekommen.«

Wenn er schon so bereitwillig über Kollegen redet, will ich doch erfahren, wie sich der Profi selbst als Gast verhält. In welche Kneipe geht einer, der selbst Kneipenwirt ist? »Hier gegenüber am Marktplatz, in den Kurfürst. Und in die Goldene Gerste. Wenn ich selber Gast bin, dann schmeiße ich auch mal 'ne Lokalrunde. Das macht man so unter Kollegen. Das gleicht sich ja aus.«

Wie hat es dich nach Mannheim verschlagen? »Ich komme aus dem Bayerischen Wald, war als Koch in Stuttgart, da war mir aber das Leben zu teuer. Für mich war die Lage Mannheims ausschlaggebend.« Heißt? »Das heißt, die Nähe zu Frankfurt, zu Heidelberg. Die Leute sind direkt. Das ist so der Typ Arbeiter & Bauern. Nur gibt es zu viele ... (zensiert).« Ich warne Robert, wenn ich das schreibe, bekäme er Schwierigkeiten. Worauf er mich grinsend aufklärt, dass er eh schon Schwierigkeiten habe. Und er gehört zu jenen Sophisten, die Menschen in solche und solche unterteilen. »Aber es kommen eben auch mal Studis aus Heidelberg.«

Dann reden wir lange über Shisha-Bars, über Geldwäsche und über echte Gastronomie. Befinden uns außerhalb von Raum und Zeit. Schließlich überreiche ich dem Leib-und-Seele-Wirt einen Universalschlüssel der Stadt und frage ihn, wie er Mannheim heute beurteilt. Da wird er ernst. »Mannheim – absolut grausam. Diese Idioten haben zwei Flüsse und können nix daraus machen! Die haben die Neckarinsel abgetragen, damit Schiffe reinkommen, und was ist? Oder guck dir das Strandbad an! Das ist eine Umsatzpacht. Das wurde nicht mal ausgeschrieben nach jahrelangem Hickhack! Und wer geht ans Strandbad?« Eine jüngere Frau an der Theke mischt sich ein, Carla, eine halbe Stammgästin, wie sie mir später erzählt. »Du kannst aber«, grinst sie, »am Strandbad kannst du dich kostenlos versorgen lassen. Du machst dir ein Feuer und sagst den türkischen Familien, du hättest dein Grillgut zu Hause vergessen. Dann füttern die dich durch. Die Türken sind so!« »Okay, das stimmt«, gibt Robert zu.

Zur Feier des Tages – Totensonntag – spendiert Robert einen bayrischen Blutwurz. »Der ist aus Hengersberg, aus meiner Heimat. Den kannste echt trinken.« Ehrensache, dass er mittrinkt. Und das Kräutergebräu schmeckt tatsächlich.

Zu guter Letzt will er mir eine Anekdote von einem osteuropäischen Gast erzählen – »Tscheche oder so. Der kam mit vier Blondinen rein, die eine schrille Party feierten, und eine von denen war eine Friseuse ...« und wird von Carla unterbrochen, die uns mitteilt, der Weg zur Damentoilette sei ihr gerade zu weit, und sie habe ganz sicher keine Probleme damit, aufs Männerklo zu gehen. Mit dünner Stimme und lahmen Argumenten versuche ich, es zu verhindern. Mir gegenüber wird ein Fast-Pensionär mit Baseballkappe munter und wendet sich empört an Robert: »Guggemo, die geht uffs Männagloo!« Als Carla zurückkommt, wird sie von Robert freundlich, aber bestimmt gerüffelt. Carla zahlt und deklamiert unmissverständlich: »Das ist ja echt typisch! Leider gibt es in dem Laden hier viel zu viele alte, hässliche Kerle. Von Gentlemen keine Rede, echt!« Robert grinst. Und als Carla die Tür hinter sich schließt, grinst er immer noch. Der Slogan der Destille lautet »Mannheims gemütlichste Rockkneipe«.

Nahrungsmittel: Erdnüsse, Chips, Flips, aus der Umgebung asiatisch aller Art mitbringbar
Goldene Gerste: F2,13
Kurfürst am Markt: R1,15
Destille Nr. 13: Q2,13
www.destille-nr13.de | Telefon: 0621-1814567

DIE ZÄ GEBODE UFF MONNEMERISCH!

babble

1. S gibt bloß ään Biagameeschda.
2. Du sollsch ned so e freschi Gosch hawe gegeniwa Doim Biagameeschda.
3. Sunndachs muss der Grach ned soi.
4. Sei emo ned so gaschdisch zu doine Eldere.
5. De Leid di Gruds rumdrehe muss wiaglisch ned soi.
6. Newenausgehe gheart sisch ääfach ned.
7. Du sollsch ned de Leid ihr Sach gradse.
8. Babbel keen Verzählmanedd.
9. Loss doi uugeweschenі Flosse vun dem Haisl newedro.
10. Loss doi uugeweschenі Flosse vun derre Nachbarsfra.

babble

DREIECKSTADT

Die City ist von oben gesehen ungefähr ein Quadrat, entworfen von einem, der Quadrate nur sehr unzureichend zeichnen kann, denn zwei der vier »Ecken« weisen deutliche Rundungen auf. Hätte der Architekt versucht, einen Würfel zu entwerfen, wäre unweigerlich ein gestürzter Pudding entstanden. Die Detailform innerhalb dieses äußeren Quadrats sind bekanntermaßen die Häuserblocks mit – wiederum – quadratähnlichen Formen. Alles sehr unzulänglich, sehr krumm und schief und halb.

Nun war zur Zeit der Stadtgründung die Geometrie gerade modisch. Und die Mode hat immer recht. Aber war es denn zwangsläufig, dass man die Quadratform wählte? Wenn das Wörtchen wenn nicht wär. Wenn meine Oma ein Dingens hätte, wäre sie mein Opa. Wenn die Stadtplanenden versucht hätten, Mannheim stärker an die Umgebung anzupassen, nämlich an die Lage auf der Neckarspitze, hätte sich zwangsläufig eine ganz andere Grundform für die Stadt ergeben: das Dreieck.

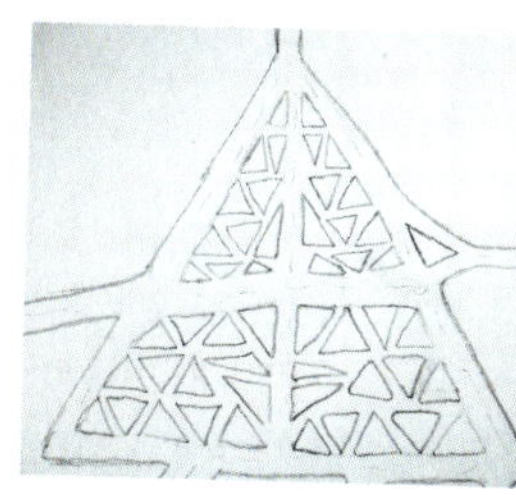

Mannheim – die Dreieckstadt

Man hätte schnell gegoogelt, wie man das im 17. Jahrhundert so tat, indem man auf dem nächstgelegenen Marktplatz (räusper, Heidelberg ...) laut umherschreit, in Person eines vollbauchigen Kerls, der eine Schriftrolle ausrollt und plärrt: »Der Kurfürst tut kund und zu wissen: Hier um die Ecke, den Neckar hinab, wo er in den Rhoi fließe tut, da wird's eine Stadt geben, die so viele Ecken hat wie mein Hut. Nämlich drei. Wenn einer etwas dagegen hat, möge er jetzt sein Maul aufmachen oder es für immer halten.« Dann wartet der Vollbauch-Schreihals einen Moment, galoppiert zum Kurfürsten und sagt: »Es ist vollbracht.« So oder ähnlich ist es gewesen, und die Heidelberger Tratschweiber hätten schon am nächsten Morgen auf dem Markt verbreitet, dass um die Ecke Mannheim entstehen soll. Mannheim, die Dreieckstadt!

Und gesagt, getan. In Windeseile entstand der erste Entwurf, ein mutiger, engagiert hingeworfener Plan der Planstadt. Drei-st. Ideen für einen Slogan kursierten: Leben im Dreieck. Ein Satire-Buch ging in Druck: Dreieckschädel. Mannheim[3] sollte das Signet der Stadt werden. Natürlich gab es erste Vergleiche mit New York, München, aber mindestens Berlin: Gab es nicht in allen großen Städten solche dreieckigen Häuser?

Da, aber, ach, bahnte sich der Teufel des Details seinen Weg. »Schreib mir Straßennamen dazu«, befahl der Kurfürst. Gesagt, getan. Der Stadtplaner drehte seinen Plan hin und er drehte ihn her. Und irgendwas daran missfiel ihm plötzlich. Vielleicht hatte sein Weib gerade seine zänkischen Tage, vielleicht lärmten draußen auf der Straße besoffene Studenten. Man weiß es nicht und wird's nicht wissen, will es dann auch nie erfahren.

Der Kurfürst hatte schlecht geschlafen. Der Vollmond brachte die Katzen zum Jammern. Die Geschäfte gingen schlecht. Seine Kurtisanen hatten Haarprobleme. »Was ist denn das?«, entfuhr es dem Kurfürsten. »Habt Ihr dem Ureich zugesprochen?« Der Architekt errötete und senkte den Kopf. Es war Schlossquell gewesen, und sein Schädel brummte wie die Katze der Kurfürstin. »Mein Hut, der hat drei Ecken, drei Ecken hat mein Hut«, fauchte der Kurfürst. »Und wenn ich nachzähle, und es sind plötzlich *fünfe*?« Er rief seine Hofberater her. »Marschall, Astronom, Hauslehrer, alle, die des Zählens kundig sind, zu mir.«

Im Laufschritt kam der halbe Hofstaat angetrabt. Der Koch kannte eine ganze Menge Zahlen. Dass diese auch eine bestimmte Reihenfolge hatten, war ihm unbekannt. »Wie viele Ecken hat er hier gezeichnet, der Erbauer der Stadt Mannheim?« »Mehr als zwei allemal!«, sagte ruhig der Hofmarschall. Der Astronom machte: »Ph, eher gleich der Sternenzahl, zwischen zwei und unendlich.« Da aber reckte der Hauslehrer seinen kreidebefleckten Zeigefinger in die Höh‘ und schüttelte den Kopf: »Es ist die Note, die der Spross des Kurfürsten am besten kennt.« Letzterer nickte grimmig. »Die Fünf.«

So aber trug es sich zu, dass der Auftrag anderweitig vergeben wurde. Die Dreieckstadt Mannheim wurde nie errichtet. Die Fünfeckstadt Mannheim erblickte nie das Licht der Welt. Der Rest ist, wie die Historiker allzu gerne murmeln, doch Geschichte.

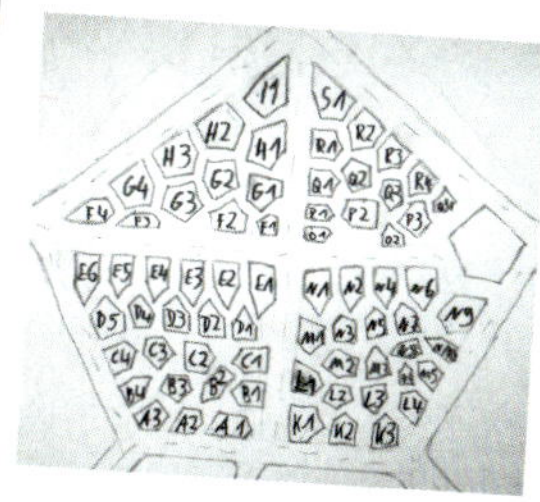

Zum Schachspielen totaler Mist

EDELKÜCHE

Mehr Leute in der Stadt mit mehr Geld bedeutet sicher nicht im Umkehrschluss weniger Leute mit wenig Geld. Doch es bedeutet, dass da spürbar mehr Restaurants für die mehr Leute mit dem vermehrten Geld sind. Nicht nur ungefähr und gefühlt, sondern sehr konkret ist die Anzahl der Edel- und Sternelokale in Mannheim gestiegen.

Edelküche funktioniert viel über die Sprache, so viel begreift auch der Bauer mit den dicksten Kartoffeln. »Nehmen Sie Jungkartoffeln von Pfälzer Ernte, garen Sie sie in hahnenfrischem Wasser aus regionaler Herstellung. Indessen entfernen Sie sorgfältig die Außenschale marktfrischer Zwiebeln, würfeln Sie diese mit der gebotenen Feinheit, um die gewünschte aromatische Tiefe zu erreichen.« Puristen bekommen rümpfige Nasen, wenn sie von der Verwendung der Subkutanschicht des Grunzferkels hören (Speck), aber gerade in den letzten Jahrhunderten, scheint die, liebevoll Schweineschwarte genannte, Sauerei Mannheims Spitzenküche zu erobern.

Erhitzen Sie Schmalz von der Biobutter. Platzieren Sie nun die geschälten, gescheitelten, gesalzenen (Meersalz!) und gepfefferten Kartöffelchen in die Grasse de Cochon und braten Sie sie beiderseits knusperfarben braunkrustig, an Salat von gekochtem Milchferkel mit Odenwälder Prämiendialekt. Fertig ist die Specialité de Mannheim: Broodgadoffl.

Ich entscheide mich gegen Axt, Alchimia und Dobler's. Das »Amador« in der geradezu malerisch unschönen Umgebung der Floßwörthstraße hat leider inzwischen geschlossen und ist nach Wien umgezogen, doch diese Anfahrt würde ganz knapp die Grenzen meines Spesenkontos sprengen.

Im »Le Corange« gab es diverse Wechsel bei den Köchen, raunen mir die Edelszenekenner zu, außerdem verkehrt dort vom Hörensagen wirklich die neureiche Wichtigtuerei. So was will man doch nicht unterstützen! Non, Monsieur, ich tummle mich weitaus lieber bei den Unwichtigtuern und verfuttere die üppige Spesenkohle meines satten Verlegers beim ollen, konservativen Edelitaliener.

Vielleicht gehört jemand in die Klapse, der ein Fischlein isst zum Preis eines Monatslohns einer Näherin in Indien, dabei weiße Rosen, weiße Tischdecken und weiße Gardinen anglotzt, ohne Sinn und Verstand sich gekräuselte Fischpopos unter bei Vollmond von Menstruierenden geerntetem Dill reinschlabbert, mon dieu, que c'est magnifique, aber weitaus blöder ist es, es nicht zumindest ein Mal im Leben auch nur probiert zu haben. À la prochaine. Ob Joe der richtige Name des Geschäftsführers ist?

Das Parkplätzchen vor dem »da Gianni« sieht so verschraddelt aus wie ein großer Teil der Innenstadt, die Fassade blickt bleich ins Leere, der Schriftzug wirkt wie irgendwo abgeschraubt. Nur der Blick auf die rechte Spalte der Speisekarte macht klar, dass die Adresse stimmt. Spätestens im Eingangsbereich weist eine Wasserschale voll mit rund einhundert weißen Rosen, die unantastbar und unsterblich schweigsam vor sich hinschwimmen, die Richtung.

Die Geschäftsführer Guiseppe Maniaci und Milla Ladan sind leider nicht anwesend an diesem Sonntagmittag. Dafür werden wir liebreizend umsorgt von Murad Sayah alias Joe. Joe spricht neben arabisch natürlich italienisch, französisch und englisch. Deutsch aktiv. Monnemerisch passiv. Der junge Unterbekellnernde spricht kein Deutsch, dafür legt er sympathischerweise auch mal einen Löffel falsch hin. Ein »Hach« der Erleichterung – Menschen!

Joe ist freundlich, lacht gleich zu Anfang, macht einen Witz. Der Service ist so diskret, dass wir viere uns unangestrengt weiter unterhalten können, während sie ihre Gegenständchen auf dem Tisch verteilen. Als ich Joe andeute, dass er in einem Buch vorkommen wird, schenkt er mir ein Buch über das »da Gianni«. Eine Weile später schenkt er mir ein zweites. Und holt schließlich ein drittes – das aber nur zur Ansicht – über den ehemaligen Chefkoch. Wolfgang Staudenmeier hatte den Ruf, ein fabelhafter Koch zu sein, war allerdings äußerst wortkarg, selbst wenn es um sein Metier ging – ein Meister der Küche und des Schweigens.

Drei Parkplätze, drei Autos, drei belegte Tische

An diesem Mittag sind drei Tische belegt, und um den Herzinfarkt meines Verlegers noch hinauszuzögern, verzichten wir auf die Vorspeise. Joe lächelt und lässt uns als kleinen Gruß aus der Küche ein Amuse Gueule bringen: Fischvariationen, will sagen, leckere Miniklecksdinger. Das Brot geht offenbar aufs Haus und wird von alleine wieder aufgefüllt. Damit uns das Warten aufs Hauptgericht nicht langweilig wird, taucht ein zweites Amuse Gueule auf, Ingwerkarottenschaum, also quasi Supersupersupersuppe. Die dritte Runde Brot wird abgelöst von einer Gänsestopfleber. »Joe, das haben wir doch gar nicht bestellt?« »Ach, ich habe mir erlaubt, Ihnen ein weiteres Amuse Gueule zubereiten zu lassen.« Er grinst wie ein Schulbub, der seine Hausaufgaben zur Überraschung der Mama gleich zweimal macht!

Joe sagt, dass die Gäste Politiker und Geschäftsleute seien, aber auch Arbeiter. Gerade Letzteres hatte ich vorhergesagt! »Ämoo im Joahr gänne mer uns des!« Dieser Satz ist in Mannheim hörbar, wenn auch nicht sehr laut. Die da-Gianni-Gäste kommen natürlich aus aller Welt, schließlich sei das Restaurant auch in der ganzen Welt bekannt. »Das Essen ist überwiegend klassisch. Es gibt Kunden, die kommen nach zehn Jahren wieder und wollen genau dasselbe essen. Da Gianni war immer an derselben Stelle und hatte immer den gleichen Namen«, wenn auch nicht denselben Koch und denselben Inhaber und Geschäftsführer.

Joe, haben Sie die Bilder an der Wand ausgesucht? Er schüttelt den Kopf. Die etwas überkitschte Geldkunst in silbernen Bilderrahmen sieht nach Opernbesuch aus. Joe gibt schnell zu, nicht viel von Kunst zu verstehen.

Die Karte richtet sich nach der Saison, demnächst stünden die Steinpilze an. Und das da Gianni hat auch immer eine Empfehlung an die Gäste. Unter anderem deswegen kommen manche Kunden seit 40 Jahren dorthin. »Wir sind konservativ, aber nicht tot!« Joe zeigt auf eine Oma samt Enkelin am weit entfernt stehenden Nachbartisch. Die halblauten Gespräche klingen eindeutig nach Kurpfalz.

Klar sagt Joe, dass er seine Arbeit sehr gerne macht, wie seine Kollegen auch. Das Argument sticht, dass man sonst keine Chance hätte, so lange in dem Beruf zu bleiben. Er weiß, dass jede Werbeform gut ist, ganz gleich ob Anzeige, Buch oder Mundpropaganda. »Ich schreibe aber manchmal auch provokant«, warne ich. Joe nickt. Provokant könne auch sehr gut sein. Puh, ich muss aufpassen, sonst bringt der uns noch ein viertes Amuse Gueule.

»Ich kenne viele Mannheimer, sehr viele. Mannheimer sind sehr gute Leute, sehr gastfreundlich, sonst würde ich nicht hierbleiben. Zu unseren Stammgästen gehören der Bürgermeister, aber auch zum Beispiel Helmut Kohl, Joschka Fischer, Veronica Ferres, Filmproduzenten. Ich vertraue auf das, was Sie schreiben.« Mister Disarmament, der Meister der Entwaffnung. Ach ja, der neue Küchenchef heißt nicht mehr Wolfgang Staudenmeier, sondern Med Dedri. Und wer *das* dem Essen anmerkt, bekommt von mir persönlich ein zweites Buch dazu. Nur so als Gruß aus der Schreibküche.

Joe. Kennt viele Mannheimer.

EIGENWERBUNG

Klapperkutsche, Türmchen, Wappenkater und ein Eishockeyer lieben MA.

Sag mir, wer du bist, und ich sag dir, dass ich dich *ganz* anders sehe. Die Selbstbild-Fremdbild-Analyse befördert immer wieder Schockierendes zutage, wie man aus nachmittäglichen Talkshows erfahren konnte. »Hea, isch hab immer gedengd, du wärsch moi beschdi Freindin!« – »Dabbischi Kuh.« Die Älteren unter uns werden sich mit Sehnsucht an solche plastischen Dialoghäppchen erinnern.

Seit einigen Jahren versucht Mannheim nicht nur bemüht, sondern sehr kräftig das Spieglein an der Wand zu fragen. Das Problem? Das Spieglein stammt teilweise aus Mannheimer Produktion und würde einen Teufel tun und der Stadt die Wahrheit ins Gesicht schleudern. Schauen wir uns anhand einiger Beispiele an, wie die Stadt zu wirken versucht.

BEISPIEL 1

Wie wäre es, wenn sich Mannheim als paarungsbereite Stadt bei Tinder oder Lovoo darstellen würde? Meine Hobbys sind ... Meine Stärken sind ... Meine Charakterschwächen sind ... Mein peinlichster Lieblingsfilm ist ...

Hobbys: Bauen, Stärken: Sich auf die Hinterfüße stellen, Charakterschwächen: Eigentlich keine ... Peinlichster Lieblingsfilm: »Carl und Bertha« über die Benzens und ihr Gekutsche, farblos, flach, fad – un kää Sau babbelt Monnemerisch!

Am ehesten zeigt sich die Stadt bei ihrem Facebook-Auftritt. Bei Facebook sieht es folgendermaßen aus. Es gab gut 6.000 Besuche der Facebook-Werbeseite, das wäre für meine Wohnung zum Beispiel allerhand, ich hätte gar nicht genug Kaffeetassen und Kuchengabeln. Aber jetzt kommt's. Diese 6.000 Besucher hinterließen sage und schreibe 24.000 gefällt mir-Angaben. Wer also Mannheim besucht, findet es gleich vierfach gut! Aber wieso werden auf der Sterne-Skala nur 4,5 von 5 möglichen vergeben? Das bedeutet ja nicht »obersuper«, sondern, »nicht ganz obersuper«.

Dann, in der Reihenfolge von oben nach unten:

- Es gibt Stadtführungen mit verschiedenen Verkehrsmitteln, darunter die eigenen Füße
- Vorstellung eines kosovarischen Unternehmers
- Hinweis auf das Technoseum, Event auf dem Museumsschiff
- Woche der Industriekultur
- Nachtwandel
- Werbung für den Film »Carl & Bertha«
- Neuleininger Blaskapelle bittet im Herzogenriedpark zum Tanz

Merke: Gesehen wird nur, wer nicht von Schrift verdeckt wird.

Nun helfen Sie der Stadt, in den Spiegel zu schauen: funky, knackig, zukunftsgewandt? Mails bitte ans

Stadtmarketing in E4,6. Der Chef, Thomas Töpfer, war jahrelang im Vorstand bei Bilfinger SE. Falls Sie bei der Gelegenheit weitere Fragen haben: Der Mann ist auch CEO eines Energieerzeugers, der SAG AG. Auffallend ist der variierte Slogan »Mannheim – meine Stadt«. War der nicht irgendwie anders ...? Und damit kommen wir zu:

BEISPIEL 2

Der Cityslogan. Die Werbeagentur der Stadt Mannheim hat nach eigenen Angaben »bestimmt an die tausend Vorschläge« für einen Stadtslogan unterbreitet. Was man dabei alles falsch oder richtig oder gar wunderschön machen kann, sieht man zum Beispiel an den Städten

Koblenz: »Magnet am Deutschen Eck, die Stadt zum Bleiben«

Hm, interessant. In unserem Falle müsste die Lösung lauten: »Mannheim im Rhein-Neckar-Dreieck, die Stadt, in der man am Bahnhof umsteigt.« Bekanntermaßen haben sich die Stadtväter gegen diese naheliegende Variante entschieden.

Rendsburg: »Hier passiert die Welt«

Passieren bedeutet schließlich auch: vorbeigehen, vorbeifahren. Ein Zyniker, wer sich so etwas ausdenkt. Rendsburg liegt 65 km vor der dänischen Grenze. Muh. »Mannheim – die Zentrale der Welt«, hmmm ... vielleicht doch ein wenig übertrieben. Verworfen.

Minden: »min+din – seit 798 unbedingt merk-würdig!«

Hey, Minden hat Humor! Zumindest eine Art von nicht unabgewitzten Joke-Schock-Stil-Freejazzern. Es soll »mein und dein« heißen. Mal sehen, was Mannheim hergibt: »Manno+Heimo – seit 766 nassfüßig«. Ach herrje, das wird nix.

Brachelen: »Brachelen – Hier is et schön«

Boah, genial! Das müssen die doch … das haben die doch aus New York, Peking, Sydney, Kairo, Toronto, Sao Paulo geklaut, oder? Aaah, da ist der Haken, sehen Sie's? Gehen Sie mal ganz nahe ran. Da fehlt nämlich der Punkt am Ende! Stümper. Na ja, Brachelen halt.

Oldenburg: »Übermorgenstadt«

Oha, nicht von schlechten Eltern. Wenn man sich überlegt, dass die mal mit einer alten Burg, 'ner olden Burg angefangen haben. Tja, in diesem Fall kann man nur dichten »Mannheim – Stadt der ewigen Zukunft – aber mit Tradition«, oder noch besser: »Mannheim – will never die«, oder ist es noch zu früh für Internationales? Man nehme also: »Mannheim – Überübermorgenstadt«.

Ein letztes schönes Beispiel liefert Augsburg, das 80.000 Euro in die Hose kackte und dafür den Slogan bekam: »Renaissance 2.0 – Modellstadt des 21. Jahrhunderts«, den man stante pede in den Restmüll beförderte.

Was bleibt vom Tage übrig? Sterben im Dreieck, Dahinvegetieren im Fünfeck, Krepieren im Sechseck, Dahinsiechen im Siebeneck, Strotzen vor Gesundheit im Achteck, Existieren im Neuneck oder Halt so rumkrebsen im Zehneck. All diese Genialitäten landeten in der Tonne für den Müll, und es erstrahlte: »Mannheim – Leben im Quadrat«. Wie immer schlägt die Stunde der verdauten Korinthen: Kein einziges Quadrat ist ein Quadrat. Leben im Quadrat – Sterben im Quader …

Mit Schloss, W-Turm und Arena – alle außerhalb der Quadrate

BEISPIEL 3

Wieso wird eine Wirtschaftsgeografin aus der Uni *Mannheim* engagiert, um das Selbstbild von *Mannheim* zu untersuchen? Damit man jemand maximal Voreingenommenen hat – möglich.

2012 ließ die Stadt ihr Image untersuchen. Wow, eine Imagestudie! So etwas machen sonst nur Apple, Google Inc. oder die Metzgerei Hauk. Die zentrale Aussage der Wirtschaftsgeografin Dr. Christina West als Ergebnis der Studie lautet »Mannheim ist anders«. Und unwillkürlich denkt man an den zeitweilig benutzten Euphemismus »Andersbegabte« für »Behinderte«.

170 Nationen leben hier, und Frau West resümiert: »Die Menschen fühlen sich zunächst nicht als Deutsche, Türken oder Italiener, sondern vor allem als Mannheimer.« Mannheim habe sich schon einmal als »Stadt der Avantgarde« gezeigt. Im Übrigen: »Die Industrie stellt die Basis dar, die Arbeitsplätze schafft und wirtschaftliche Sicherheit garantiert.«

Ihr Chef zieht die rhetorische Handbremse, als Frau West einen Geistesblitz hat: »Wenn der Friedrichsplatz um den Wasserturm verkehrsberuhigt, ja untertunnelt wird, dann kann Mannheim auch wieder mit einem großen öffentlichen Platz aufwarten.« Den Rest des Tages können Sie getrost mit den Phantasien des zukünftigen Metrobaus verbringen. Selbst das Pupsstädtchen Helsinki hat eine Metrolinie. Eine! Und wieso sollte nicht eine U-Bahn die Pulszentren Mannheims miteinander verbinden? Wasserturm bis Paradeplatz. Zur Sicherheit müsste man wegen des wasserhaltigen Untergrunds der Stadt extra tief bauen. Sagen wir, 500 Meter tief, dann 500 m weit, dann 500 m hoch – und zack, ist eine Art unterirdisches Quadrat entstanden.

BEISPIEL 4

Damit endlich der Rest der Welt von diesen ungeheuerlichen Vorgängen erfährt, donnerte die Verwaltung eine journalistische Rakete in den Öffentlichkeitshimmel. »Das Mannheim-Magazin« mit dem Untertitel »Stadt im Aufbruch«. Heißt das, dass alle Mannheimer die Koffer packen und die brachliegende linke Rheinseite besiedeln sollen? Vielleicht. Vielleicht aber auch nicht.

Die erste Ausgabe hatte 650.000 Exemplare Erstauflage, die Quantität war schon mal da. Verbreitung: In der Süddeutschen Zeitung als Gratis-Beilage und im Mannheimer Morgen. In seiner Rede zur Präsentation der zweiten Ausgabe des PR-Coups sagte OB Kurz, sinngemäß verkürzt, wie sich die Lage aus seiner Sicht darstellt:

Früher = Industrie und Wirtschaft

Heute = Industrie und Wirtschaft, aber kreatiiiiv verpackt.

Der damalige Stadtmarketing-Geschäftsführer Georg Sahnen verwies in seiner Rede auf eine Rangliste des Wirtschaftsmagazins »Forbes«, in dem Mannheim auf Platz elf weltweit gelistet sei. Yeah. Und schließlich fabuliert der offizielle Mannheim-Blog fröhlich: »Das Mannheim-Magazin zeigt, wo und wie sehr Mannheim in Bewegung ist und wie viel die Stadt zu bieten hat. Die einzige Stadt in Quadraten übrigens, neben immerhin: New York.«

Mag Eigenlob auch noch so stinken, wird Imageplus dir noch so winken.

Das Bloomaul liebt den Größenwahn, und brechen sich die Blößen Bahn.

Der alte Wein im neuen Schlauch ist Labsal in des Kurzens Bauch.

Drum sei das Städtchen umbenannt in »Mannheim-City« Kurzerhand.

FLUGPLATZ

Wie, wieso, so schnell hoch, dann gleich ein Runtersacker, was soll das. Ob ich ihm sage, dass er abbrechen soll, dass ich nur mal kurz hatte drinsitzen wollen, dass es Luftbilder millionenfach im Netz gibt. So, das war's, wir sind oben. Aber da ist ja überall nichts! In einem normalen Flugzeug, einer Verkehrsmaschine, ist überall *meterdickes* Material; massenweise Raum und andere Menschen, die einen schützen, Prallraum bieten, hier aber ist sofort der Boink der tollkühnen Männer in ihren fliegenden Kisten.

»So, wo sollen wir hin?«, fragt Chris, und ich sage Mannheim. Auch wenn wir von Worms aus starten, weil ach, ich habe den Grund schon wieder vergessen, ich glaube, der Mannheimer Flugplatz war überbucht, und es ist ja auch wurst, von hier oben aus bei Fluggeschwindigkeit ist Mannheim gefühlte zwei Bushaltestellen weg. Da, guck mal, die BASF. Klar ist bei Worms die BASF. Chris spricht die Abkürzungen immer wie Wörter am Stück aus, also Basf und Sap und Adac. Und dann fallen wir! Fast einen Meter! Scheißescheiße! Ich habe doch gar keine Flugangst, ich bin hier drin einfach aufgeregter. Ja, sagt er mir übers Headset, ja, die Warmluft, die die Basf produziert, führt manchmal zu ganz schönen Wacklern. Ich hab's geahnt, dass es solche Details geben würde, die er tatsächlich vergisst, mir vorher zu sagen. Er sagte mir auch nicht, was genau das Fliegerkaugummi bewirkt, das ich mindestens eine halbe Stunde vor Abflug kauen sollte. Für mich war es dasselbe Gefühl wie die Kokablätter, die ich vor etlichen Jahren mal probiert hatte. Der Mund wird taub und tauber, zusätzlich stellte sich eine beruhigende Wirkung ein. Wir überqueren den Rhein, und wieder und wieder, hier balkenlose Zone. Und plötzlich fängt es an, mir zu gefallen. Ich kann ihn steuern, wie ich will, fotografiere, wie ich will, wir haben bestes Flugwetter, zwei Knoten, fast perfekte Sicht, der Wolkenstreifen vor der Weinstraße ist wie bestellte Deko. Der Hockenheimring ist auch an diesem Montag von kleinen Autolein oder anderem Rollgerät bevölkert, seine Kanten sind scharf, genau wie bei der Parkanlage des Schwetzinger Schlosses, das wirkt wie ein Schnittmuster, akkurat und präzise. Chris dreht Richtung Norden. He! Nicht so abrupt! Oh, musst du kotzen? Ich mache mal besser die Lüftung an. Besser so? Oh ja, das ist geil. Ja, der Motor macht so warm. Draußen sind heute 13 Grad, also nicht gerade Hitze, aber mit Pulli und Jacke geht's. Hier drin grüßen wir die Sonne. Ich hatte fast lachen müssen, als Chris das Flugzeugchen per Hand aus dem Hangar herauszog, aber das Dingelchen wiegt weniger als ein VW Käfer, nur ungefähr 600 Kilo. In der Flughafengaststätte von Worms gab es furchtbar wenig zu tun, während er noch einige Pflichtstarts und -landungen absolviert hatte. Ich beobachtete nur die Bestätigung der allgemeinen Erkenntnis, dass Flieger keine jungen Leute sind, dass Flieger keine großen Schönheiten sind, und dass Flieger irgendwie das nötige Kleingeld dahinter haben.

Antoine de Saint-Exupéry
und Bruce Dickinson

Hast du das Autobahnkreuz gesehen? Ich mag diese organisierten Strukturen am meisten. Sagt er. Und es stimmt auch. Es ist die ewige Carrera-Bahn, die Spielzeugeisenbahn. Ich versuche, auch das Autobahnkreuz zu knipsen, aber auf fast jedem Foto ist ein Teil der Tragfläche. Die Dinger tragen ihren Namen völlig nicht zu recht, denn nur auf einer sehr kleinen markierten Fläche darf man zum Ein- und Aussteigen stehen, geht man weiter raus, knickt sie einfach weg. Das gute alte Hebelgesetz. Chris philosophiert, wie sich Städte oft gleichen, wie es bestimmte Grundmuster gibt, die sich allzu stark ähneln. Ich verwechsle den Heidelberger Emmertsgrund mit irgendwas bei Ilvesheim. Glaube ich. Nur der Altrhein bei Altrip, der glänzt gerade golden, elegant wie ein Profigemälde, und selbst von hier aus entziehen sich die einzelnen Teile einer genauen Zählung. Das macht ihn so souverän. Der Neckar schrumpft zu einem Strich, der auch eine Straße sein könnte, die niemand befahren möchte. Achtung, sagt Chris. Wenn du jetzt irgendeinen Punkt auf uns zukommen siehst, dann schrei. Werde ich machen. Wir überqueren den Mannheimer Flugplatz, haben längst den Tower angestellt, der sein Pflichtchinesisch quakt, und solange der Tower-Mann nichts von Papa Alpha sagt, können wir ruhig sein, denn Papa Alpha sind wir, mit dem Kennzeichen PA hinten. Vor dem Abflug hatte ich noch einmal im Nahverkehrsplan der RNV geguckt und sehe das, was die Wirklichkeit nun bestätigt: Der Mannheimer Flugplatz ist ein Mückenschiss. Aber halt mittendrin im Stadtgebiet. Chris ist unruhig, da bewegt sich etwas in unsere Richtung. Wir verpissen uns. Los, sagt er, die Quadrate nehmen wir noch mit. Gleichzeitig rühmt er seinen Mut, denn: Über der Innenstadt ist – sozusagen – ein unsichtbarer großer roter Kasten, und wenn wir da reinfliegen, haben wir ein Gesetz gebrochen. Wir fliegen an den Quadraten nördlich vorbei, haben zwischendurch den Fluchtblick die

Breite Straße entlang, und dass unter uns gerade die Modellbautage stattfinden, steht außer Zweifel. Ich versuche mich an Wolkenfotos und ahne das Ergebnis. Ich frage meinen Piloten, der zwischenzeitlich kurz auf Autopilot gestellt hatte, eher scherzhaft, ob ich das Lenkrad übernehmen soll, und er antwortet völlig ernst, warum nicht? Hier oben sieht das doch keiner. Ich mache es trotzdem nicht und werde nie erfahren, weshalb.

Ich möchte nicht zurück. Flieg doch weiter, Mann. Ja, werde ich belehrt, Fliegen kann süchtig machen. Das Kaugummi zwischen meinen Zähnen schmeckt inzwischen wie zerrissene Schnürsenkel. Ich lupfe den Gehörschutz, um zu testen, was das Innengeräusch des Propellers hergibt. Auf der Rückbank hinter uns haben es sich Motörhead gemütlich gemacht und wiegen gemütlich Manowar auf dem Schoß. Ich setze den Kopfhörer wieder auf und sage: Ganz schön laut. Chris nickt. Er weiß, dass ich erwachsen bin, und ich müsste es auch wissen. Na klar sind die Anzeigeelemente kryptisch, das muss so sein. Na klar ist an der äußeren Armstütze ein Aschenbecher angebracht, der erste große Flieger, der mich beeindruckt hatte, war Saint-Exupéry, dem die Kippe so fest im Mundwinkel saß, als wäre sie schon bei der Geburt dagewesen.

Islamabad an Pfingstmontag

Auf Chris' Seite ist ein Fensterchen im Fenster. Vielleicht, um zwischendurch kurz rauszuspucken? Er öffnet es und ich halte die Hand raus in den Flugwind. Er zieht meine Hand schnell zurück. Du musst aufpassen, das sind … er muss umrechnen, und kommt auf 180 Stundenkilometer! Ich sehe keinen einzigen anderen Flieger, ich sehe auch nicht die ganzen Fliegen, die wir nachher sorgsam mit einem Fensterleder von Windschutzscheibe und Tragfläche wischen werden. Ich denke nur ganz kurz an seine Warnung, es komme schon mal vor, dass man bei der Landung das Fahrwerk zerstört. Aber dann ist man immerhin recht unbeschadet unten angekommen.

Chris nimmt Kontakt mit dem Tower in Worms auf, während ich vor lauter Faszination über die Basf vergesse, die Friesenheimer Insel zu knipsen. Mir liegt der stramme Satz auf den Lippen: Nicht landen, noch ein bisschen. Gerade zeigte Chris auf einen »Jahrmarkt«, und ich war zu sehr auf dem Trip, als dass ich begriff, dass es sich um den Neuen Messplatz und die Herbstmess‘ handelte. Da vorne, siehst du den Flugplatz? Nein, ich sehe ihn nicht. Blabla, Tower, Papa Charlie. Und, siehst du ihn jetzt? Nein, außer dass wir falschrum auf den Rhein zufliegen, nämlich weg von Worms und hin zum Mannheimer Norden, seh ich nichts. Erst, als er eine größere Kurve fliegt und schnurgerade vor uns eine schwarze Linie mit weißen Strichlein in der Mitte für uns hingelegt ist, erkenne ich, dass wir gar nicht in der richtigen Höhe sind. Das ist zu hoch, oder? Das Problem, erläutert mein Privatpilot, ist, dass diese Maschine mit zu hohem Speed auf die Landebahn zukommt, deshalb werden wir wahrscheinlich durchstarten müssen. Lässt mich so mit meinem dummen Gesicht auf dem Co-Pilotensitz hängen wie einen Schluck Wasser in der Kurve. Dann brabbelt er etwas von Landeanflug Papa Alpha Zwo-Vier Richtung Wormser Tower, noch ein paar Meter, wir hängen schief, finde ich! Und dann landen wir. Aber das ist doch viel zu schnell! Ja, dann starte halt durch, ich werde schon nicht kotzen. Chris erzählt irgendetwas, ohne dass die geringste Aufregung aus seinen Worten durchklingt, er spricht vermutlich über seine Steuererklärung, ich weiß es nicht. Ganz kurz vor Ende der Landebahn findet er doch noch das gottverdammte Bremspedal – Mann! Einmal um die Kurve, den Hangar ansteuern. Und plötzlich merke ich, dass meine Knie beben. Geil war's.

Wenige Stunden später sitzen wir im Vereinsheim des Flugwerk e.V., des Flugzeug-, Spiel- und Bastelclubs Mannheim. Wir haben eine Sicherheitskontrolle mit Fingerabdruck passiert, die Sitzmöbel sind stilecht, teilweise Passagiersitze aus Linienmaschinen. Neben uns bollert ein Holzofen und wärmt inwärts, von vorne kühlt uns Bier aus dem Selbstbedienkühlschrank. Aber schmeiß was in den Roten Baron, sagt irgendwer, und ich füttere die dralle, aber bis dato leere Spardose. Ich muss mich durch eine ungewohnt stattliche Auswahl alkoholfreier Biere wühlen, um zwei Pils zu finden. Die Mannheimer hier sind aus Karlsruhe, Heilbronn, dem Sauerland und sonst woher. Hereinkommende grüßen auch mich, den Fremdling, mit Handschlag und Namensvorstellung. Auf dem Tischchen liegen etliche Schichten Flugzeugmagazine. Wieso ist die Atmosphäre hier nicht versnobt? »Weil Fliegen anstrengend ist. Viele Hobbypiloten sind Selbständige. Faule Poser kaufen sich 'nen Porsche, das ist weniger anstrengend«, erklärt mir Harald, der wie alle über 50 Jahre alt ist. Ich frage in die Runde, ob in Mannheim auch Auswärtige landen, die dann eine Zollerklärung ausfüllen, den Pass zeigen und nach Deutschland einreisen. Der ältere, weise und ernst scheinende Micha nickt: »Täglich! Überleg mal, von Mailand brauchst du drei Stunden. Nachtlandeerlaubnis gibt es auch. Siehst du da draußen die blaue Beleuchtung? Aber das kostet. Denn dann muss wegen dir der ganze Tower besetzt bleiben. Da sind ein paar Hunderter zusätzlich fällig.«

Chris zeigt mir den angrenzenden Hangar mit rund einem Dutzend kleinerer Flugzeuge, von denen einige allerdings auch wohlgenährte Brummer sind. »Die da ist natürlich fies, die russische, da kann der Fluglehrer hinter dir einfach mal das Höhenruder deaktivieren. Und dann sieh zu, wie du klar kommst! Oder die, die schluckt beim Starten ohne Weiteres 'nen Liter Öl! So 'n Doppeldecker ist natürlich immer eine Attraktion an den Flugtagen. Dabei sind die eigentlich recht langsam.«

Wieder drinnen im Café kapert mich Anna, die Mutter Beimer des Vereins: »Du musst dir mal überlegen, an so einem Flugtag kommen so 10.000 Leute – 10.000! Versuch mal, mit einer Veranstaltung so viele Besucher zu kriegen. Und davon fliegen die allerwenigsten mit. Du stellst da vorne einfach Stühle hin, und die Leute gucken.«

Chris redet sich in einen Rausch: »Was die Leute aber meistens vergessen, ist, dass jeder, *jeder* Pilot seine Krisen hat, in denen er alles hinschmeißen will.« Es folgt eine längere Rede über die Komplexität des Fliegens, was man alles theoretisch wissen muss, welche Materialien wo verbaut sind, und nicht zuletzt über Gesetze. Und vor allem das fieseste, übelste, größte Chaossystem, das die Erde zu bieten hat: das Wetter.

Wieso können sich diese Piloten nicht einmal verhalten, wie es das Klischee will? Chris trägt mir zuliebe einen weißen Seidenschal, das sieht so wunderbar nach Adel und zwanziger Jahre aus. Aber die Leute sind nett, haben in der Tat alle einiges an Geld übrig, aber keinem merkt man es an. Sie sind nicht von oben herab und schauen nicht scheel von der Seite. Ich bin aber auch so freundlich und spreche keine Umweltthemen an, rede nicht über Lärmbelästigung und Geldverschwendung. Warum auch, Fliegen ist schließlich phantastisch.

GÖRTZ GEGEN GRIMMINGER

Mit Bäckereifachverkäuferinnen zu reden bringt herzlich wenig, wenn man etwas über die Firmenphilosophie und Ziele wissen will, ob da etwas lebt oder auch hier die bösartige Geschwulst namens Controller ungebremst wuchert. Nein-nein, das geht anders. Ich stelle beiden großen Firmen, na ja Mittelständlern, die gleichen Fragen. Im einen Fall schickte die Firma Grimminger GmbH eine Dame ins Spiel, Monika Vath von der Abteilung Einkauf und Warenwirtschaft. Ihr Kontrahent ist kein Geringerer als einer der Brüder Görtz persönlich.

Die Regeln waren ganz einfach: Die Antworten sollten eher kurz sein, möglichst nahe an der Wahrheit gebaut, und vor allem kannten beide Seiten die Antworten des Gegenspielers nicht.

Ring frei und Gong! Die erste Antwort ist immer die von Parvenu Görtz, danach die des Altvorderen Grimminger – streng alphabetisch. Hier kommt also der große Bäckerketten-Schwanzvergleich:

1) Stehen Sie im Alphabet zu Recht vor/nach Görtz/Grimminger?
Görtz: Dass B für Bäcker vor G im Alphabet kommt, ist klar und Görtz sowieso.
Grimminger: Glaube nicht.
2) Wie viele Filialen haben Sie in Mannheim?
Görtz: 147 in der Metropolregion, davon 41 auf der rechten Rheinseite, aber es werden noch viele folgen.
Grimminger: 55.
3) Wie hoch ist Ihr Umsatz in Mannheim?
Görtz: Etwa 20 Millionen Euro.
Grimminger: Wir sind zufrieden.

4) Was ist Ihr bestes Produkt?
Görtz: Unser Backi, unser König unter den Brötchen.
Grimminger: Parisienne.
5) Wie groß ist Ihre größte Filiale?
Görtz: Etwa 450 qm.
Grimminger: 250 qm.
6) Was ist das schlechteste Produkt der Konkurrenz?
Görtz: Kann ich mir nicht alle merken.
Grimminger: Kenne ich nicht.
7) Was ist Ihre größte eigene Schwäche?
Görtz: Ungeduld.
Grimminger: Ungeduld.
8) Was ist die größte Stärke der anderen?
Görtz: Nichts zu tun.
Grimminger: Ist mir nicht bekannt.
9) Wonach riecht es bei Ihnen?
Görtz: Nach warmem Brot.
Grimminger: Frische Backwaren.
10) Wie haben Sie die Grundfarbe in Ihren Filialen ausgewählt?
Görtz: Nach Gefühl.
Grimminger: Ein befreundeter Künstler empfahl uns diese vor über 30 Jahren.

Hinterm Mohn gleich links

11) Welche Signale kommen von den Kunden?
Görtz: Alle.
Grimminger: Positive.
12) Was ist Ihr Verkaufsrenner?
Görtz: Unser Backi.
Grimminger: Steinofenbrot.
13) Welche Filiale hat die schönste Lage in Mannheim?
Görtz: Feudenheim Hauptstraße, mitten im Leben.
Grimminger: P2,6 auf den Planken (Verwechslung? Es gibt Filialen in O2,1 und P7,22).
14) Würden Sie 24 Stunden lang öffnen, wenn Sie dürften?
Görtz: Nein, Bäckerzeit ist erst zwischen 5 und 6 Uhr.
Grimminger: Nein.
15) Essen Sie lieber Ihre eigenen Produkte oder die eines altmodischen Bäckers?
Görtz: Wir sind sehr altmodische Bäcker! Ich esse gerne Brot, das mit Herzblut gebacken ist.
Grimminger: Unsere, da wir noch altmodisch backen.
16) Wie viel Ware muss man wegschmeißen?
Görtz: Es wird nichts weggeworfen, die übrigen Waren und Reste gehen in die Tiernahrung und erfüllen hier einen sinnvollen Zweck.
Grimminger: Zu viel.
17) Was tun Sie für die Stadt oder die Region?
Görtz: Wir leben hier wie Sie, wir arbeiten und versuchen unseren Kindern ein Vorbild zu sein. Bäcker Görtz unterstützt zahlreiche Vereine in der Jugendarbeit. Wir spenden jährlich hohe fünfstellige Beträge für soziale Zwecke.
Grimminger: Wir unterstützen soziale und kirchliche Einrichtungen.
18) Wo gibt es das beste Brot der Welt? (außer bei Ihnen)
Görtz: Es gibt 12.000 backende Betriebe in Deutschland und sicher eine Million auf der Welt.

Brot ist ein Grundnahrungsmittel und muss es auch bleiben. Jeden Tag Brot zu haben, ist kostbares Gut. Ich verneige mich vor jedem Kollegen, der wie wir handwerkliches Brot aus guten Rohstoffen herstellt.
Grimminger: Feinkost Käfer.
19) Was verbessern Sie gerade in Ihrem Unternehmen?
Görtz: Wir kämpfen mit der ganzen Mannschaft um die Zukunft der Bäckerei, unser größtes Augenmerk liegt auf den Menschen und deren Entwicklung.
Grimminger: Noch mehr Innovation.
20) Warum verkaufen bei Ihnen mehr Frauen als Männer?
Görtz: Unsere Damen machen das perfekt, und wir Männer können da nicht mithalten.
Grimminger: Das wüsste ich auch gerne.
21) Was ist an der Mannheimer Kundschaft anders als anderswo?
Görtz: Alles, Mannheimer sind netter, hübscher, größer usw., aber eigentlich sind alle Menschen, die zum Bäcker gehen, nette Menschen. Sie gehen gerne raus, unterhalten sich gerne, sind freundlich und achten auf Umwelt und Qualität ihrer Lebensmittel. Klar ist, mit einem Regal oder Automaten kann man sich nicht unterhalten.
Grimminger: Nichts.

Aus dem Leben eines Laugenichts

HAFEN

Niemand ist für die Öffentlichkeitsarbeit zuständig. Und das merkt man. Seit Jahrzehnten steht in allen Lob- und Hudelwerken über die Stadt, dass die Mannheimer sehr stolz seien, dass sie in der Stadt mit dem zweitgrößten Binnenhafen Deutschlands wohnen. Und zwar, wenn man sie konkret darauf anspricht. Fragt man aber den Durchschnittsquadratschädel nach dem, was ihm in seiner Stadt wichtig ist, wird der Hafen, wenn überhaupt, unter ferner liefen laufen. W-Turm, F-Turm, L-Park, P-Platz, N-Stadt, W-Park, F-Gasse, Schloss, und dann kommen schon Bergstraße und Pfalz. Wieso ist das so? Der Güterumschlag ist seit Anfang des Jahrtausends empfindlich gesunken. Ganz allgemein hat die Schifffahrt die schlechtere Lobby als Schiene und Straße. Der Hafen gilt/galt als zwielichtige, gefährliche Gegend, allenfalls attraktiv für Industrieromantiker.

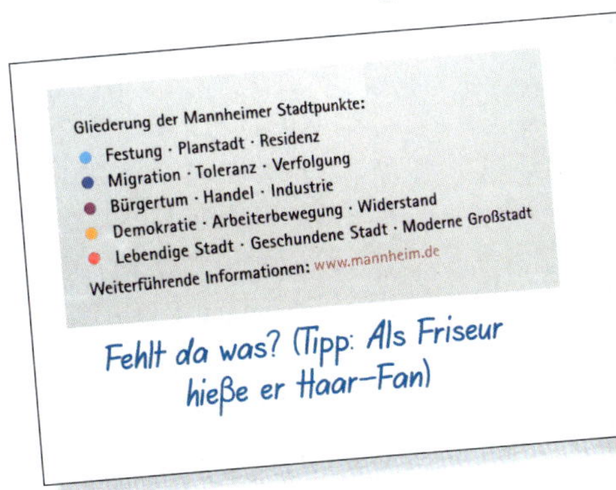

Die arme Stadt Duisburg hat nun so gar nichts vorzuweisen außer einem siechen Meidericher SV, einem Problemstadtteil der Sonderklasse namens Marxloh, voller Gewalt, Banden, Arbeitslosigkeit und Ethnohass. Und es gibt ein erstaunliches Gastrogebiet, das dort liegt, wo Duisburgs Herz pocht, der Hafen, der sich fett tut mit der Selbstbezeichnung »Duisport«, sich »führende Logistikdrehscheibe Europas« nennt, trimodal, größter Hinterland-Hub, Wertschöpfung von 3 Milliarden Euro. Hier klotzt die PR, kleckern können die anderen.

Zur Begrüßung auf der Website bekommen Sie Zahlen um die Ohren gehauen: 10.152 TEU im Juli oder 665.539 Tonnen Güter wasserseitig, Tonnageanstieg im Vergleich zum Vormonat. Der Hafen in Mannheim – genau genommen sind es drei, nämlich Industrie-, Handels- und Altrhein-Hafen – präsentiert sich dagegen, wie man das in den sechziger Jahren tat. Wo ist die Sexiness, wo die Modernität, wo die Kultur, das Anfassbare? Alibihalber fand Mitte der Nuller Jahre ein Hafenfest mit den Weather Girls statt, und nach dem Auftritt der runden Ladies gab es auch schon nichts mehr zu tun, zu sehen, anzufassen und zu erzählen. Dann kann man auch bei der »Lange Nacht der Kunst und Genüsse« auf der Blumenau bleiben.

Die namentliche Hafenstraße spielt freilich eine Sonderrolle, wird aber nur von der Stadtseite aus aktiviert und eingebunden. Die Hafenleute selbst tun nichts. Die Hafenrundfahrt ist ein Pflichtprogramm, das brav absolviert wird, der Speicher 7 mag diskussionswürdig sein, wurde aber von Privatinvestoren angestoßen, der neue C-Hub ist eine Initiative der Mannheimer Gründungszentren und eine hundertprozentige Tochter der Stadt – nicht jedoch der Hafengesellschaft.

Ein Vergleich mit Hamburg verbietet sich nur deswegen, weil der dortige Hafen nominell ein Seehafen ist, in allen Belangen ungleich größer, aber die Identifizierung mit dem Hamburger Hafen spielt sich privat, öffentlich und gewerblich ab, also auf allen Ebenen. In Mannheim wird im Hafen geschlafen.

Könnte es ein kleines, seltsames Detail sein, dass das überaus verhaltene Auftreten erklärt: Die Hafengesellschaft heißt mit vollem Namen Rhein-Neckar-Hafengesellschaft Mannheim mbH. Sie gehört allerdings einem einzigen Gesellschafter: dem Bundesland Baden-Württemberg. Will dort jemand nicht, dass diese nervigen Mannheimer es wagen, den Karls-

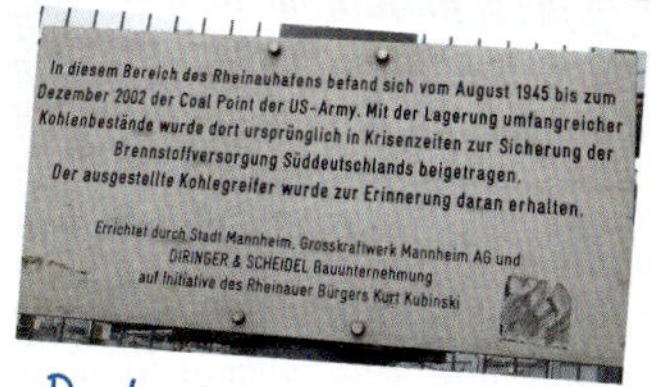

Danke, Bürger Kurt Kubinski

ruhern Paroli zu bieten, ja gar den hohen, heiligen Stuttgartern irgendwann den Rang abzulaufen? Irgendwann wollen die noch Landeshauptstadt werden! Eine Stadt im Aufbruch? Eine Chance im Abbrech.

JUNGADLER

Am Anfang war der Sport. Und Dietmar Hopp sah, dass der Sport gut war. Hopp förderte den Fußball. Und er gründete die TSG Hoffenheim. Sie spielten, und sie gewannen, und es war gut. Am nächsten Tag gründete Dietmar Hopp die Adler. Die Adler siegten, und Hopp sah, dass sie gut waren. Am nächsten Tag zeugte Hopp einen Sohn. Diesen Sohn nannte er Daniel. Und er sah, dass es ein guter Sohn war. Und Dietmar und Daniel gründeten die Jungadler. Die Jungadler siegten, und Daniel sah, dass die Jungadler gut waren. Sehr gut sogar. Verdammt gut, mein lieber Scholli. Dann baute der Hopp die SAP-Arena.

Ich entschließe mich zu einem Ortstermin in aller Ruhe. Leicht gesagt bei einer stark gebuchten Multifunktionsarena. Am Vorabend gastierte hier noch Passionata, die schmalztriefende Pferdeschau. Der Betreuer des deutschen Rekordmeisters bietet mir einen Kaffee und W-Lan an. Den Schweißgeruch gibt es gratis. Es ist nicht sein eigener. Doch dazu später. Da ich ihm anbiete, Zeit mitzubringen, nimmt er sie. Hier ticken die Uhren gleichmäßig.

Andi Miehm wäscht die Wäsche. Zwischendurch schaut er in seine Mails, beantwortet geduldig meine gruselig naiven Fragen. Dann wäscht er wieder Wäsche. Seit 2004 ist er Betreuer der Nachwuchsmannschaft der Mannheimer Adler. Formal heißen sie: Jungadler Mannheim. Andi Miehm war Fan der Profi-Mannschaft, als sie den Namen Mannheimer Eis- und Rollsport-Club e.V. trug und der Aufstieg in die erste Eishockey-Bundesliga erst bevorstand. Er tummelte sich als Vorschulknirps am Spielfeldrand und brüllte mit allen Leibeskräften »Scheiß Rießersee!« Auf den Zehenspitzen stehend konnte er über die Bande schauen.

Und das ist noch heute so.

Eines der damaligen Idole, das die Mannschaft zur ersten deutschen Eishockey-Meisterschaft 1979/80 führen sollte, war Marcus Kuhl. An diesem kalten Januarmorgen grüßt Andi Miehm diesen Marcus Kuhl, sein früheres Idol, wie jemanden, den er jeden Morgen sieht. Und er sieht ihn jeden Morgen. Seit dem Jahr 2013 erfüllt Marcus Kuhl die Funktion eines Sportdirektors. Die beiden Männer grinsen sich an, ohne Hintergedanken, ohne Andeutungen. Sie glauben an dasselbe Ding. An Eishockey in Mannheim.

Früher Eisstadion im Friedrichspark (vgl. hierzu: Quadratschädel, 2005), heute SAP-Arena. Früher eiskalte Füße auf dem Steinboden, heute Kunststoffbelag darunter. Die übergroßen Fan-Shirts in den Ausmaßen von Jugendzelten sind geblieben. Das gilt auch für die Vereinsfarben. Blau-weiß-rot. Die Spieler haben gewechselt, der Trainer natürlich, der Hauptsponsor ebenfalls, der Spielort ist umgezogen. Nur Andi Miehm ist noch da.

»Der hier«, er zeigt auf seinen Schlüssel, »kostet 35.000 Euro. Der ist hier für so ziemlich alle Türen. Den haben die extra versichern lassen. 35.000 Euro«, murmelt er vor sich hin und zeigt sein Reich. Hier stehen keine goldenen Palmen.

Es gibt hier auch kein ährenkranzgeschmücktes Porträt des Sponsors.

Neonlicht über zwei Schreibtischen. Wäschewagen mit Stapeln gefalteter Wäsche. Wäsche in der Waschmaschine. Wäsche, die an Haken hängt. 11 deutsche Meisterschaften haben die Jungadler errungen. 11 in 14 Jahren! Eine Quote von 78 Prozent. Davon können selbst Legionärs-Fußballer in München nur träumen. Bei acht dieser Meisterschaften war Andi Miehm mit an Bord. Wer fragt, ob er die Seele der Mannschaft sei, ist selbst schuld.

An diesem Abend schmeißt er eine Teambuilding-Party. »Einfach, um den Mannschaftsgeist zu fördern. Das muss man ab und zu mal machen. Deshalb fahre ich nachher noch zu KFC.« Dass die Protein- und Kohlenhydratnahrung von Kentucky Fried Chicken heranwachsenden Leistungssportlern gut tut, steht für ihn außer Frage.

»Nur wir, die Betreuer, der Trainerstab, und die Spieler. Keine Freundinnen.« Was er nicht erklärt, ist selbsterklärend. Teambuilding, nicht Schmusing. Die Sportart gilt als härteste Mannschaftssportart der Welt – deren Anhänger bei jeder Gelegenheit betonen, dass es bei Volleyball und Handball mehr Verletzungen gibt. Auf dem Spielfeld.

Wir setzen uns zu einem kurzen Interview auf einen Kaffee zusammen ins Büro. Wie viele Trainer hast du erlebt? »Helmut, Fischi und drei Co-Trainer. (Er bemerkt meinen stupiden Blick.) Also, Helmut de Raaf, und Fischi ist Frank Fischöder.«

Wie viele Spieler hast du insgesamt »großgezogen«? »Ph, hast du gerade fotografiert! 200 bestimmt … nee, mehr. Das ist meine elfte Saison. Rechne 11 mal 25!«

Wie viele Stunden arbeitest du denn pro Woche? »Offiziell oder inoffiziell? Im Monat an die 350 Stunden. Ich stehe innerlich immer parat, falls einem Spieler ein Furz im Bauch rumgeht.«

A propos, hast du einen Erste-Hilfe-Kurs gemacht? »Wir haben immer einen Physio dabei. Aber die Erste Hilfe hab ich, allein wegen dem Führerschein. Das Schlimmste war mal ein aufgeschlitzter Oberschenkel. Der Spieler ist bei einer Übung in den Schlittschuh vom Torhüter gerutscht. Zufällig war eine der anwesenden Mütter Krankenschwester. Da kam der Hubschrauber und hat den nach LU in die Unfallklinik geflogen.«

Wie ist dein Verhältnis zu den Eltern der Spieler, die ja zwischen 16 und 18 sind? »Sehr gut. Die rufen an, fragen normalerweise den Trainer oder die Lehrer. Bei den Spielen fragen sie auch mich, wie es dem Sohnemann geht.«

Wie hat man 29 junge Kerle im Blick? »Geht nicht!« Hilft der Kapitän? »Ja. Und im Internat ist die ›Internatsmama‹ da. Sandra Reich kümmert sich um die Jungs.«

Hopp-la, wo ist denn die Denke her?

Wo kommen die Spieler her? »All over Europe. Aktuell aus Südtirol, den Niederlanden, aus dem ganzen Bundesgebiet, einige sind Ostdeutsche, ein paar Bayern und acht Mannheimer!«

Wie kriegt man zum Beispiel Spieler aus Bayern nach Mannheim, schrecken die nicht vor der Industriestadt zurück? »Du vergisst was. Das hier ist ein Palast. In Bayern säßen wir in einer Tropfsteinhöhle. Mit Gummimatten auf dem Boden. Eiskalt. Alles versifft. *Das* hier ist in der Qualität untypisch!«

Das Internat? »Die Kosten sind gestaffelt. Wenn Mami und Papi berufstätig sind, müssen sie den vollen Satz zahlen. Bei arbeitslosen Eltern übernimmt das die Dietmar-Hopp-Stiftung.« A propos … »Daniel war vor zwei Jahren bei der Meisterschaft da. Der Vater noch nie.«

Wie viele Spieler werden Profis? »Fünf Prozent werden Profis. Von den 29 Jungs im Moment gehen zehn zum Oberliga-

Team. Oder nach Nordamerika. Aber der Konkurrenzkampf in den USA ist von einem anderen Kaliber. Für die zweite oder dritte Liga nehmen die abgehalfterte Tschechen – aber die können trotzdem was.«

Wie groß ist euer Budget? »Keine Ahnung. Wir hatten mal 1,5 Millionen im Jahr. Aktuell weiß ich's nicht. Aber im Vergleich zu anderen Teams sind wir auf Rosen gebettet.«

An einem konkreten Beispiel erläutert der fürsorgliche, aber zur Not auch gestrenge Herr Betreuer, wie das Geld ausgeschüttet wird. Hinter dem Maimarkt liegt der Fachhändler »Top on Ice« in der Hans-Thoma-Str. 5. Die hoffnungsvollen Nachwuchstalente erhalten beispielsweise Schlittschuhschecks oder Gutscheine für Brustpanzer. Das Budget darf eine gewisse Grenze nicht überschreiten, und wenn doch, muss der Nachwuchs-Crack die Differenz nach oben aus eigener Tasche bezahlen. Freilich stammen die Gelder nicht nur von der SAP, wenn auch mit großem Abstand vor allen anderen Sponsoren – zum Beispiel Odenwaldquelle, MVV, Iveco Südwest, Radio Regenbogen und der Ausrüster Bauer.

Beim Thema Medien und Medienpräsenz zieht Andi seine Mütze tiefer ins Gesicht, um die blutunterlaufenen Augen zu verdecken. Aus der Tiefe des Raumes grollt eine wolfsähnliche Stimme: »Medien? Wenn's *ganz* gut läuft, darf beim Mannheimer Morgen ein freier Mitarbeiter, Herr Martin, unter der Woche mal 'nen Artikel über uns schreiben. Das war's dann auch schon. Während der Spiele der Adler macht Herr Soramies in der ersten Drittelpause Werbung für unser nächstes Spiel. Bei unserer letzten Meisterschaft hat das Rhein-Neckar-Fernsehen (!) einen Bericht von zweieinhalb Minuten gesendet. Das war's.« Andi Miehm muss einsehen, dass auch das »große« Eishockey in den meisten Medien nicht vorkommt, im Fernsehen lief das früher bei Sky, inzwischen bei Servus-TV.

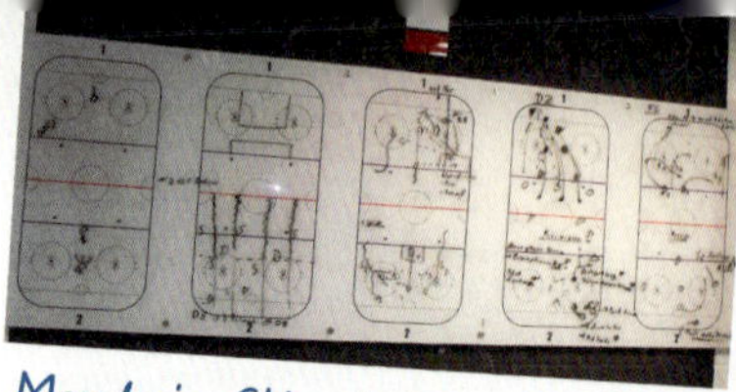

Mandarin-Chinesisch ist um Längen leichter als Taktik-Teutsch

Ein Highlight für Spieler und Stab sind die Auslandsreisen, die in den letzten Jahren in skandinavische Länder, nach Russland und Tschechien und sogar nach Nordamerika führten. Sprachlich und kulturell eine Erfahrung, aber auch von einem sportlich fairen und begeisterten amerikanischen Publikum angefeuert zu werden, vergisst keiner, der dabei war. »In Österreich standen in Salzburg beim Red-Bull-Turnier im Halbfinale eine österreichische Mannschaft und drei deutsche – das sagt alles. Und für meine Jungs ist es natürlich nicht dasselbe, ob sie vor 700 Zuschauern spielen oder bei Ligaheimspielen vor ihren Familien und Freundinnen.« Dass solche Einsätze auch ihn von seiner Familie entfernen, dass er sich im Wechsel mit seinem Kollegen ans Steuerrad eines Transporters setzen muss, um zum Beispiel nach Finnland und zurück zu fahren, hängt er nicht allzu hoch. Es gehört eben zum Job.

In Nebentätigkeit erfüllt Andreas Miehm auch die Funktion eines Stadionsprechers. Und wie klingt das? Er lacht, als ich ihn um eine Kostprobe bitte. »Einen schönen guten Tag. Willkommen zum Heimspiel in der Deutschen Nachwuchsliga Jungadler gegen (Gegner). Dann kommt die Mannschaftsaufstellung. Und den aktuellen Spielstand sage ich durch.«

Zu guter Letzt frage ich den Jugendbetreuer, was er ändern würde. »Im Moment läuft's perfekt. Wenn ich was ansage, wird's auch gemacht! Wenn ich ansage: Bis 20 Uhr ist eure Wäsche da, dann ist die da.« Aber den Schweißgeruch in den Räumen, den hat weder er noch die eifrigste Putztruppe bisher wegbekommen.

Andi Miehm, ein Betreuer, der sich gewaschen hat

DIE SAP-ARENA

Bekannte Zahlen

- Pro Spiel der Adler werden durchschnittlich 3.000 Bratwürste und 2.400 Liter Bier verkauft.
- Draußen vor der Tür sind 7.000 Parkplätze.
- Zuschauer beim Handball maximal: 13.200
- Zuschauer beim Eishockey maximal : 13.600
- Zuschauer bei Konzerten maximal: zw. 11.000 und 15.000 (je nach Bühne)
- Gewicht des Videowürfels: 13 Tonnen
- Stromverbrauch der gesamten Halle pro Jahr: 7.500.000 kWh – entspricht 1.400 Haushalten

Echt?

- Die am häufigsten vergessenen Gegenstände: Schlüssel, Brillen, Jacken, Schals und Stofftiere von kleinen Kindern

Geschätzte Zahlen

- Fahrradparkplätze: 200
- Davon Frauenfahrradparkplätze: 0
- Dezibel bei Adlerspiel: 140
- Anzahl Schlägereien im Publikum während Klitschko-Kampf: 30
- Verlorene Hunde pro Saison: 2
- Verschüttete Becher Bier pro Adler-Tor: 20

KIRCHE

Die Geschichte der Kirche Mannheims steht in Kirchengeschichtsarchiven, und zwar lang und breit. Die Gebäude dieser Kirchen tragen Namen. Als da wären: Lukas, Markus, Jona, Immanuel, Epiphanias, Johannes, Johannes Calvin, Konkordien, Trinitatis, Hafen, Auferstehungs, Philippus, Unions, Johannis, Matthäus, Melanchthon, Luther, Paul Gerhardt, Thomas, Christus, Pfingstberg, Versöhnungs, Martins, Dreifaltigskeits, Jakobus, Emmaus, Stephanus, Friedens, Erlöser, Gethsemane, Paulus, Petrus, Kreuz. Falls Sie Inspirationen suchen, wie Sie Ihren Nachwuchs nennen, sollten Sie sich doch eher von Fernsehserien leiten lassen.

Die Mannheimer Evangelen zählen etwa 80.000 Gläubige, sind aber genauso wenig spitzfindig wie Katholiken, denn nur zahlende Kunden sind gute Kunden. Kirche macht Meinung, besitzt Grundstücke, tätigt Geschäfte, macht Politik und ab und an ihre Glaubenssessions. Kirche macht Websites mit folgender Botschaft, die für einen Nicht-Mannheimer klingen dürfte wie aus einem vergessenen James-Bond-Film:

M1 anrufen
M1 finden
M1 mieten

Ja, die Evangelen sitzen in Weihwasser-Spritzweite vom Schloss. Und sie nutzen ihre Lage, um einen Zusatz-Obulus rauszuholen. This gun is for hire! An der Spitze dieser finanztüchtigen Truppe steht Ralph Hartmann. Ein Mann, den das Schicksal zunächst nach Karlsruhe schickte, bevor er die Karriere-Himmelsleiter engelsgleich nach oben flatterte. Als junger Mann hungerte er für den Frieden, färbte sich die Hose mit Domestos und ließ seine Haare gen Erde sprießen.

Bei Katholen versteht man ja noch, woher sie ihre Leichtigkeit nehmen. Schließlich dürfen sie ihre Vergehen easy und locker wegbeichten. Aber bei einem Protestanten? Ich verspreche, ihm höchstens zehn Fragen zu stellen. Denn wenn einer 80.000 Schafe scheren, melken und bei Bedarf auch schlachten muss, kann er nicht viel Zeit haben.

Was macht so ein Dekan den ganzen Tag? Ralph Hartmann: »Der hat viele Sitzungen. Telefoniert. Ist in hoher Geschwindigkeit in den Kirchen Mannheims unterwegs. In der Diakonie. Ich kann es Ihnen sogar genau sagen: Er ist eine Mischung aus einem Geistlichen, einem Politiker und einem Manager und muss immer aufpassen, wann er was ist.«

Drei Adjektive zu Mannheim – und warum gerade die? Hartmann denkt mächtig lang nach, die Frage ist aber auch fiesdoof. Solche Fragen stellen gern Privatsenderfrühstücksfernsehnachwuchsreporterinnen. »Deftig, ehrlich, offen – wir sind die Italiener Deutschlands. Was ich faszinierend finde, das sind die Leute, die am Maimarkt an so einem Stand stehen, und vor sich haben sie einen Berg Karotten geschnitzelt und sind total happy darüber. Diese Leidenschaft!«

Das sagen aber auch andere von sich, »Italiener Deutschlands«, nicht zuletzt Kölner! »Alleine von der Kirchenstruktur – wir gehören ja zur Badischen Landeskirche. Wir sind im Land Baden-Württemberg singulär – von der Sozialstruktur würden wir eher ins Ruhrgebiet passen. Hier sind auch viele Völker durchgezogen. Wir sind ärmer als die Ba-Wüler, aber sexy. Man merkt's alleine politisch. Wir hatten ja lange das einzige SPD-Direktmandat. Und das lassen uns die Ba-Wüler auch spüren.«

Wie sieht es im Vergleich zu Karlsruhe aus? Wie war es, als Sie vor drei Jahren von dort zurückkamen? Eigentlich sind es ja nur 70 Kilometer. »70 Kilometer sind viel! Es war Heimatgefühl von der Sprache her. Man wird überall angeschwätzt.

Das gibt's in Karlsruhe nicht. Die Mannheimer kommentieren alles sehr schnell. Ich hab zum Beispiel eine Vespa. Da stehe ich an der Ampel, und wenn da ein anderer Zweiradler neben mir hält, sagt er gleich: ›Ouh, was ist'n das für eine? Was braucht denn die?‹ Diese offene Anteilnahme am Leben anderer. Aber Mannheimer können auch unfreundlich sein. Dann muss man gelernt haben, dass man zurückblafft, wenn man angeschissen wird – dann ist man auf Augenhöhe.«

Ist Mannheim eine religiöse Stadt? »Nee. Mannheim ist recht säkular.« Sie rufen in der Wüste … »Ja. Das macht es der Kirche nicht immer einfach. In welchem Sinn religiös, das ist mehr verborgen. Bei Dingen wie Kirchgang sind andere Städte stärker.«

Xavier Naidoo sagt, Mannheim sei das neue Zion. Muss man das doch ein bisschen ernst nehmen? »Na ja, MA hat bestimmt viel, von dem andere lernen können. Interreligiösen Dialog, zwischen Christen, Juden und Muslimen, zum Beispiel. Aber es gibt auch das übersteigerte Selbstbewusstsein, das Mannheimer an den Tag legen. Mannheim – New York – und dann lassen wir gerade noch Berlin gelten – das ist so die Ebene. Mannheimer lieben es ja, zu behaupten, wo wir die ersten waren. Und die größten. Fahrrad und Auto und Traktor.«

Gibt es eine spirituelle Symbolik, wo ein Fluss in einen anderen mündet? Energie? (atmet tief) »Da müsste man in die Esoterik gehen. Bei meinem Feld denke ich: Da spielen Flüsse schon eine Rolle. Ich denke an das Paradies, den Garten Eden, wo vier Flüsse zusammenfließen. Aber da müsste ich länger nachdenken.«

Welche ist Ihre Mannheimer Lieblingskirche? »Jede auf ihre Weise, bla-bla. Aber mit der Konkordienkirche verbinde ich viele persönliche Erlebnisse. Ich mag die Schlichtheit, die Vielseitigkeit. Ich wurde dort gewählt. Und ich werde dort heiraten.«

Dürfen Sie in der Öffentlichkeit Dialekt reden? »Die Färbung, dazu stehe ich auch. Ansonsten: Ein paar Sätze fallen lassen ist schon okay.«

Ist Ihr Vorgesetzter ... ja, wer ist denn der Vorgesetzte? »Theologisch gesagt ist nur der Herr persönlich über mir. Wenn die Kirche eine Stadt wäre, wäre ich der OB. Da ich gewählt bin, gibt es auf der Landesebene den Bischof. Aber keiner über mir außer dem Herrn.« Ralph Hartmann besitzt die eigenartige Fähigkeit, ernste Sachen grinsend zu sagen – und doch ernst zu meinen.

Wenn Sie eine Sache an der Stadt oder den Bewohnern ändern könnten, was wäre das? (denkt erst nach, dann) »Also spontan: In manchen Szenen würde ich mir mehr Gelassenheit wünschen! Wir regen uns schnell auf – und ab. Bei manchen Themen, da vermisse ich das schnelle Abregen. Zum Beispiel: Buga. Das Thema könnte auch wieder runter.«

Cooler Jung-Dekan (Ralph, rechts)

Was sehen Sie, wenn Sie aus dem Fenster in M1 schauen? »Ich sehe ein schönes, unsaniertes Jugendstilhaus durchs Fenster, eines der wenigen.«

Er spielt Gitarre und Klavier. Er ist locker und modern. Wenn solche Leute diese Stadt steuern, kann es der Stadt nicht so schlecht gehen. Früher wollte Ralph Hartmann mal Kapitän werden. Und symbolisch gesehen ist er es natürlich. Pädagogisch hat er ein beinahe erratbares Vorbild. Wenn Wissensvermittlung, dann am liebsten wie in der »Sendung mit der Maus.« Den Nagel wie die Faust aufs Auge mit dem Kopf durch die Wand getroffen. Chapeau.

KLAIPEDA

Wenn Sie an einem diesigen Herbsttag nichts Gescheites zu tun haben, hören Sie sich mal auf Wikipedia die Aussprache des Namens der Mannheimer Partnerstadt in Litauen an – natürlich nur in der Annahme, dass Sie kein Litauisch sprechen. Es klingt wie »Klää Peeda« – also der kleine Peter. Behalten Sie diesen Affront gegen seine Heiligkeit, Peter I. von Mannheim im Hinterkopf, wenn Sie das Folgende erfahren.

Mannheim und Klaipeda sind seit 1915, also seit über hundert Jahren verpartnert, damals hieß das Städtchen an der Ostsee aber noch Memel, ein kraftvoll sprechender Ortsname. Das litauische »mimelis« bedeutet: still, langsam, schweigend, stumm, sprachlos. Eine Stadt, die wie die Faust aufs Auge zur laberfreudigen Babbelgosch Mannheim passt. Hier Rhein und Neckar, dort der Fluss Memel; hier OB Kurz, da OB Vytautas Grubliauskas. Hier ein Jurist, da ein Jazz-Musiker. Aus Mannheim stammt Hans Nieswandt, aus Klaipeda Lena Valaitis. Klaipeda kann sich sehen lassen.

Zeit, sich mal mit einem Mann zu unterhalten, dessen Name wie Donnerhall klingt. Egle Deltuvaite. Sie kennen Egle Deltuvaite nicht? Jetzt echt? Na denn, exklusiv für Sie: Herr Deltuvaite ist der Abteilungsleiter für internationale Beziehungen, Wirtschaftsentwicklung und Tourismus. Natürlich in Klaipeda, natürlich im Dezernat für Investitionen und Wirtschaft. Mit Sicherheit verbringt man beim Verpartnern von Städten viel Zeit damit, dass die beiden Verwaltungsherden sich gegenseitig ihre Funktionen übersetzen und die Benennung ihrer Abteilungen. Dass es aber künftig in einem der neuen Mannheimer Stadtviertel eine Straße mit dem Namen »Egle-Deltuvaite-Allee« geben wird, steht außer Frage.

Ich versuche in Erfahrung zu bringen, worin genau die Verbindung zwischen der drittgrößten Stadt Baden-Württembergs und der damals (1920) nördlichsten Stadt Deutschlands besteht. Vielleicht darin, dass Klaipeda die drittgrößte Stadt Litauens ist? »Mehrere Abordnungen aus Mannheim haben uns besucht, und mehrere Abordnungen von uns haben Mannheim besucht. Die Zusammenarbeit ist sehr eng durch die Arbeitsgemeinschaft der Memellandkreise (ADM), die Nachfahren zusammenführt. Diese Organisation pflegt enge Verbindungen zu Menschen, deren Vorfahren vor den Weltkriegen in Memel gelebt haben.«

Ich verschweige meine Kenntnis über die irritierende Tatsache, dass im angrenzenden Heddesheim die dortige Memelstraße eine Sackgasse ist. Ob Deltuvaite glaubt, dass man als Lage für die Memeler Straße in Mannheim absichtlich die Schönau ausgesucht hat, wo es derzeit weder »schön« ist, und »Au« auch nicht. Schön aua – würde man gelten lassen. Doch wir schweifen ab.

Ich frage Herrn Deltuvaite, ob ihm schon die Pläne Mannheims zu Ohren gekommen sind, bis zum Jahre 2050 wieder zur zweitgrößten Stadt Baden-Württembergs zu werden, und erwische ihn kalt auf dem linken Fuß: »Wir haben mit unseren Kollegen noch nicht über die Pläne für 2050 gesprochen, daher können wir nur sehr schwer etwas darüber sagen.« Boah, Politiker.

Schließlich werfen wir einen Blick auf die Zukunftspläne Klaipedas und stellen entzückt fest:

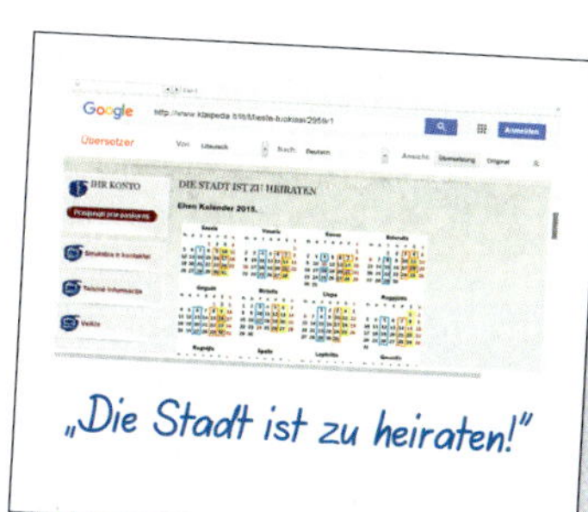

KONVERSION

Wenn ein Protestant Katholik wird, wenn ein Katholik Moslem, wenn ein Moslem Spiritist, wenn ein Spiritist Regierungsmitglied, wenn ein Regierungsmitglied »denkendes Wesen« wird – dann spricht man von Konversion.

In Mannheim spricht man von Konversion, seit der US-Armee die Knete ausging, um den Laden zu halten. Was dann an öffentlichem Beteiligungsgebalge folgte, brachte folgende Ergebnisse:

	Größe in ha	Wohnen	Gewerbe	Freiraum
Turley Barracks	13	XXX	XX	X
Hammonds Barracks	7	XXX	X	X
Taylor Barracks	46	–	XXX	X
Spinelli Barracks	82	X	–	XXX
Benjamin Franklin V.	143	XXX	XX	XX
Coleman Barracks	216	X	X	XXX
STEM Barracks	4	–	X	XXX
Rheinau Kaserne	10	–	–	XXX
Summe	521			

Quelle: »Weißbuch Offene Räume – Starke Urbanität«

Gelungenes Beispiel für eine Konversion: Diese Waldampel tat jahrelang ihren Dienst am Kurpfalzkreisel, fühlt sich jetzt als Toiletten-frei-Ampel im Rheinauer Wald pudelwohl

Um die Verhandlungsergebnisse der gesamten Konversionsgruppen für die Allgemeinheit verständlich zu machen, hat man gedolmetscht. In den Beratungen hieß XXX im Original: »Wie die Sau«, oder auch »Ohne Ende.« Aber auch »Aber hallo!«

XX im Original: »Was geht, geht« und »Daumen hoch, auch wenn er Kurz ist, hehehe!«

X ursprünglich: »Wonn's uuubedingt soi muss!«

– hingegen: »Himmel hilf!«, »Konnsch de Haase gewwe«, »Im Leewe lacht keen Gaul!«

KUNSTHALLE

Mitzlaff – Klammeraff – Maulaff – Puffpaff – Hirnschlaff. Die Dekonstruktion des Tuns formalisiert die Prägung der Präsenz des Raumes, das Durchmessen von Dreidimensionalität, das Umschreiten von Volumen, geformt durch die Negation der Arithmetik des Stofflichen. Wenn Materialien greifbar bleiben in ihrem Gewicht, gleichsam schwebend in ihrer Schwere, ihrer Rauigkeit und Glätte, ihrer Geschmeidigkeit und spröden Kälte, ihrer Formbarkeit und Zerbrechlichkeit, erschallt die Möglichkeit als Chance des Gegenpols. Ohne jegliche Figuration oder Blickzwang vorzuweisen, rufen sie ganz elementare Assoziationen und archaische Eindrücke hervor, weder Titel noch Signatur sollen den Betrachter von den instinktiven Empfindungen ablenken – es bleibt allein die Wirkung der Farbe, die Haptik des organischen Materials, das Volumen im Raum und eine ephemere Schönheit, die einem universellen Verständnis von natürlicher Erhabenheit sehr nahe kommt.

Auszug aus: »Was machst'n du mit mei'm Bladdespiela? Gabudd«, zuerst erschienen in: »Erbarmen, zu spät, die Bagger kumme«.

Impressionen der Geburtstagsfeier von Bodo, dem Baggerführer

LUDWIGSHAFEN

Das Hochhaus ist weg, Die Werksbücherei der BASF ist weg, die Tortenschachtel ist weg. Wer macht jetzt das Licht aus? Der intime Ludwigshafenkenner Matthias Penzel wisperte mir den Namen Billy Hutter zu, denn nicht jeder in der Chemiestadt Number One hat von diesem Buch gehört, das im Aufbau-Verlag in Berlin erschienen ist. In *Berlin*!

Billy Hutter hat einen dokumentarischen Roman geschrieben über »Karlheinz«, den Sohn eines Chemikers in der BASF. Lange hatte Billy den Nachlass dieses ihm unbekannten Menschen in der Gegend herumgeschoben, inklusive der detaillierten Tagebücher über die 1960er- und 70er-Jahre. Und schließlich fand Billy, es muss doch wenigstens ein Ludwigshafener Buch geben, auf dem *nicht* das BASF-Logo klebt.

Die konspirative Mitteilung lautet »... bin zwischen 12 und 17 Uhr bei der Arbeit im Antiquitätenladen Kaiser-Wilhelm-Str. 68 (zwischen Pfalzbau und HBF). Wenn du Lust hast, kannst du da gerne auf ein Stündchen vorbeikommen (bring Kaffee mit, mit Milch). Informelles Gespräch.«

Es regnet. Der Kaffee vom Kiosk gegenüber ist im Pappbecher. Ich ernähre mich inzwischen von einer Tüte Chips. Billy legt die Füße hoch. Um uns herum die vollständige Ausstattung des zu Recht vergessenen Schlagers »Das Lied vom Trödler Abraham«.

»Die Wohnungen im Hemshof kosten 40 Prozent weniger als in der Neckarstadt, sowohl Miete als auch Eigentum. Du kriegst trotzdem keinen Mannheimer nach Ludwigshafen. Du bist in fünf Minuten über der Brücke. Aber das macht niemand. Mein Traum war immer, dass sich der Hemshof zum Szeneviertel entwickelt. Zwei, drei Kneipen, gemütlich, aber irgendwie funktioniert das nicht, und Ludwigshafen will das auch nicht.«

Billy sagt, auch Ludwigshafen verändere sich, wenngleich weniger als Mannheim. Aber was bitte schön soll das denn sein außer Abriss, Abriss, Abriss? »Das große Thema! Ich denke, Frau Doktor Lohse wird auch als Abriss-Lohse in die Geschichtsbücher eingehen. So wie Beton-Ludwig. Der ehemalige OB hat alles in Beton gebaut. Und sie reißt es wieder ab. Der Abriss der Hochstraße und Neubau als ebenerdige Straße ist mit 340 Millionen veranschlagt! Die müssen sogar einen Teil vom Rathaus-Center mit abreißen. Das ist Stuttgart 21 in Ludwigshafen. Ich könnte stundenlang über die Stadt schimpfen, aber sie haben einfach keinen Pfennig. Es ist nur noch die Verwaltung von Schulden. Im Moment 1,2 Milliarden, und es wird immer mehr! Trotzdem ist man unverdrossen optimistisch nach außen hin. Gerade der Hemshof: Die haben einen Typen eingestellt, den Hemshof-Kümmerer, dann haben sie ein Blättel gemacht, das Hemshof-Echo, da drin stand dann ›die Altstadt mit Herz, lebendige Kneipenszene, Galerien‹ und so. Von den vier Kneipen haben zwei zugemacht, und von den eineinhalb Galerien hat die eine auch geschlossen. Und dann wurden Schilder aufgestellt. An jeder Einfahrt im Hemshof steht ›Willkommen in der Altstadt mit Herz‹. Wir sagen's. Und wenn wir es sagen, dann wird es auch stimmen. Anstatt diese 100.000 Euro für den Mann und die Zeitung auszugeben, hätte man drei oder vier kleine Projekte fördern können, 'ner Galerie einen Raum billiger vermieten. Aber die denken anders. Wir müssen das schöne alte Haus abreißen und was Neues hinstellen, das fünf Millionen kostet.«

Genau genommen könnte auch ein Schimpfeschimpfe-Rentner vor mir sitzen, dem irgendwann der Satz »Die do drowwe mache doch eh, was se wolle« aus dem Mund purzelt. Aber Billy ist ein Freak, ein Alternativer, ein richtig netter Kerl, unkompliziert, mit Sicherheit echt, gar kein schlechter, um ihn als Freund zu haben, ein Fels in der Brandung aus BASF-servilen Zombies.

Kennst du zufällig den Stadtslogan von Ludwigshafen? Mannheim verspricht ja »Leben im Quadrat«. »Das weiß ich. Aber in Ludwigshafen? Puh, es gibt so viele ... Nee, passe. Es gibt aber ein neues Stadtlogo, das wird von allen verachtet. Vorher gab es den goldenen Anker auf rotem Grund. Gerade zu dem Zeitpunkt, als so was einen positiven Retrogeschmack gekriegt hat. So ein buntes abstraktes Ding.«

Ich spreche Billy auf die Wichtigkeit von LU für MA an, denn MA kann sagen, ach guck mal, denen in LU geht es schlechter als uns! »Das stimmt. Da ist viel Mentales dabei. Denn auch wenn Ludwigshafen Geld hätte ... Noch mal die Tortenschachtel. Das Gebäude haben sie abgerissen. Das hat ihnen ja gar nicht gehört. Aber wenn es ihnen gehört, dann verscherbeln sie das Tafelsilber, um die Schulden bezahlen zu können. Trotzdem: die Tortenschachtel – das Ding bleibt hängen. Kennst du noch das Viadukt vorm alten Bahnhof? Wo das Rathaus-Center ist, ein Übergang mit einem Gründerzeit-Geländer. Die alten Ludwigshafener jammern heute noch: ›Ach Gott, unser Viadukt‹. Und so werden sie auch über die Tortenschachtel reden.« Billy zündet sich eine Zigarette an. Die Selbstverständlichkeit, mit der er es tut, macht es lässig. Normalität als Lässigkeit. Wohlgemerkt, Zigaretten sind ja schädlich, sogar in Ludwigshafen!

Wir sind an einem Unort, denn » hier endet die Stadt, mündet in der Autobahn. Die Planung war mal, dass es eine neue Stadt werden sollte, die sich zum Bahnhof hin entwickelt. Es gab diese Tonaufnahme von Ludwig: ›Ludwigshafen wird *noch* schöner werden.‹ Am Bahnhof wurden zwei neue Hotels eröffnet. Das war in der euphorischen Phase der späten Siebziger, wo die Kassen voll waren vom Triumph der BASF. Die

Steuergelder sind geflossen. Wir holen Mannheim ein! Geld ist da, wir bauen Hack-Museum und Pfalzbau und Philharmonie, und drei Jahre später ging es genau in die andere Richtung.«

Hat die BASF nicht der Stadt eine Summe von 20 Millionen Euro überwiesen, obwohl sie es gar nicht gemusst hätte, nur damit der Laden weiterläuft? »Das machen die öfter mal! Seit man die Steuer nicht mehr dort zahlen muss, wo der Firmensitz ist, aber das müsste ich jetzt auch genau recherchieren. Die Steuereinnahmen sind eingebrochen, die Beschäftigten wurden von 52.000 auf 37.000 reduziert. Da fehlte dann natürlich plötzlich auch die Steuer des ›kleinen Anniliners‹, der dort nicht mehr beschäftigt ist. Und sie machen viel: Guck dir das Programm des Pfalzbaus an, oder des Hack-Museums, da siehst du überall das BASF-Logo. Wenn ein Kindergarten renoviert wird, eine Grünanlage saniert, dann macht das die BASF. Aber es ist immer ein Gschmäckle dabei. Die machen auch Programm in Schulen oder Kindergärten, aber auch immer unter dem Gesichtspunkt: In zehn Jahren brauchen wir neue Laboranten. Oder das Filmfest auf der Parkinsel – ohne BASF geht das nicht. Wir sind ja besser mit Badeweihern ausgestattet als Mannheim, Begütenweiher, Willersinn, Baggerhäusel, Schlicht, für drei Euro kriegst du ’ne große Schorle. Aber da fährt natürlich kein Mannheimer hin.«

Entrümpeltes aus Ludwigshafen

»Das ist noch ein normaler Antiquitätenladen – ich bin kein Messi. Ich bin aus der Erfahrung des Antiquitätenhändlers und Entrümplers ein sehr geordneter Mensch. Ich mache das ja auch schon über 25 Jahre. Jürgen sammelt alte Feuerzeuge, ich habe mal mit Murano-Väselchen angefangen. Irgendwann hatte ich dann dreißig auf der Kommode stehen. Wenn ich was habe, dann denke ich aber, ich muss damit was machen. Wie das Buch mit dem Brief drin, womit ›Karlheinz‹ angefangen hat. Dann denke ich: Mache ich was damit? Oder will ich es nur daheim hinlegen?

LUMBEHAFE

Benannt nach Ludwig I. von Bayern. Festgehalten in einem Dokument voller »dero« und »Seyne«. Mannheimer würden ihre ehemalige Wehrschanze aus dem 16. Jahrhundert, aus der LU wurde, durchaus auch mal besuchen. Allerdings nicht ganz ohne Bedingungen. Mannheimer würden nach LU fahren:

1. Wenn Ludwighafen in New York City umbenannt würde, um einen farbenfrohen Bronx-Rundgang zu machen.
2. Wenn es in LU plötzlich Ilwetritsche regnen würde – bloß, »um emol zu gugge«.
3. Wenn die Straßenbahnlinien 1, 2, 3 und 5, na ja, halt auch nach LU fahren würden.
4. Wenn die »Tortenschachtel« wirklich voller Torte wäre.
5. Wenn die BASF die Steuern an Mannheim zahlen würde.
6. Wenn in LU Weihnachtsmarkt im Juni wäre.
7. Wenn B36 und B44 über Nacht durch Geisterhand zu Einbahnstraßen mutieren würden.
8. Wenn die Rhein-Galerie eine Galerie voll mit Rhein wäre.
9. Wenn jeder BASF-Mitarbeiter per Gesetz Sombrero tragen müsste.

10. Wenn es in ganz LU 24 Stunden lang Freibier gäbe (Ureich).
11. Wenn es von Oppau bis Mundenheim Geldscheine regnen würde.
12. Wenn sich LU endlich freiwillig in Mannheim II umbenennen würde.
13. Wenn sich Norden, Osten und Süden von Mannheim in Wüste verwandeln würden.
14. Wenn an einem Tag durch einen dollen Zufall Internet, Telefon und Fernsehen ausfallen würden.
15. Wenn an einem Samstag vor Weihnachten nachmittags um drei auch noch in Mannheim-Scharhof der letzte Parkplatz von Shoppern belegt wäre.
16. Wenn alle Mannheimer sich die 100 schönsten Orte der Welt schon angesehen hätten und jetzt mit der Gegen-Liste anfangen wollen.
17. Wenn das Navi ausfällt und alle Verkehrswegweiser zufällig von Anilin-Dunst vernebelt sind.

Und warum? Die Ludwigshafener Straße startet im Nichts unweit der SAP-Arena und des Maimarktgeländes, führt an Schlachthof und Rangierbahnhof vorbei, um in den Fahrlachtunnel unterzutauchen, dort mysteriös ihren Namen zu verlieren und dann inkognito, als B36 getarnt auf wahrhaft verschlungenen Wegen nach »Ludwigshafen« zu führen. Endet, wie fast alles dort, als hochtrabende Hochtrasse.

Ich frage Billy, ob ich in seinem Laden fotografieren darf. Er erlaubt es, weist aber darauf hin, dass es sich ja nicht um ein Heimatmuseum handele. Wir fachsimpeln, welche Probleme ich hatte, Filme für eine Sofortbildkamera zu bekommen; er war seinerseits auf der Suche nach einer Methode, um Digitalfotos in Dias umzuwandeln. Das Internet ist natürlich voll mit Anleitungen, wie man umgekehrt aus Dias Digitalbilder macht. »Als Entrümpler hast du es ja auch oft mit Überfluss zu tun. Da liegt ein Fön, original verpackt aus dem Aldi für 9,95 Euro. Schmeißt du den in den Container? Was machst du denn mit dem Ding? Ich kann den ja nicht auf eine Biedermeier-Kommode legen. Und in Ludwigshafen gibt es keinen guten Flohmarkt. Im Vergleich zu früher ist Flohmarkt mehr Armut geworden. Auch das Entrümpelungsgeschäft hat viel mehr mit Armut zu tun. Der Flohmarkthändler macht Entrümpelungen, um normale Gebrauchsgegenstände zu verkaufen und nicht, um Schätze zu suchen.«

Tortenschachtel, heute bodenlos

Ohne Probleme bekommt Billy wieder die Kurve zur LU-Schelte: »Man muss schon den Blick für manche Sachen haben. Wenn die Ludwigshafener einen neuen Kulturmanager brauchen, nehmen sie irgendjemanden, der eh schon immer da ist. Es existiert in LU kein liberales Bürgertum, nicht diese Kinder mit etwas Geld, die tolle Sachen machen. Seit vielen Jahren gibt es ein Straßentheaterfestival. Vor so einer Comedytruppe stehen dann gut und gerne hundert Leute und klatschten. Daneben zwei Ur-Ludwigshafener. Der eine sagt zum anderen: ›Do guggemo, fer sowas schmeiße se Geld naus!‹«

MANNOS MANIE

Den ganzen Tag war ich auf der Römerstraße gegangen. Meine Schuhe waren schon durchweicht, denn gestern hatte es geschüttet wie aus Kübeln. Plötzlich sah ich ihn. In der Nähe eines Kastanienbaums werkelte ein ungewaschener Kerl mit Zottelhaaren und verfilztem Bart in einer Art Bottich und mühte sich mit großer Anstrengung, eine dicke braune Masse umzurühren. Gleich daneben hatte er einen Steinhaufen aufgetürmt.

Kein Zweifel, das war er. Jener sagenumwobene Hermann. Mannheim war nach einem Menschen benannt, der Hermann hieß, wohl Manno genannt wurde, sagen die Historiker. Würde ich ihm dies sagen, käme er womöglich auf die Idee, weiterzuziehen und woanders zu siedeln. Dann läge Mannheim plötzlich am Zufluss von Emscher und Piekenbrocksbach. Falls ihn unterwegs kein Wolfsrudel auffräße. Ich zögerte eine Weile ihn anzusprechen, denn er musste mich längst bemerkt haben. Aber seine Augen hafteten stur auf dem braunen Lehm.

Guten Tag. »Guten Tag.« Gestatten Sie, dass ich mich vorstelle. »Nein.«

Ich zögerte, ob ich den Gesprächsversuch fortsetzen sollte. Aber der Steinhaufen neben dem Manne war so groß, dass er schon nicht fortlaufen würde. Und er war ein Zeichen dafür, dass ich den richtigen gefunden hatte. »Mein Name ist Hermann, und ich habe keine Zeit.«

Das verstehe ich äußerst gut. Im siebten Jahrhundert hatten die Menschen noch so viel Ruhe. Aber in dieser Hektik des achten Jahrhunderts … Hätten Sie vielleicht einen Schluck Wasser für mich? Hermann blickte zum ersten Mal auf und sah mir direkt in die Augen. Mit einer ausladenden Armbewegung wies er um sich. »Da ist der Rhein. Und da fließt der Neckar. Freie Auswahl!«

Er wandte sich wieder seinem Bottich mit Lehm zu und mühte sich verärgert, das zähe Material mit seinem Knüppel weich zu klopfen. Herr Hermann? »Hä, was ist denn schon wieder. Ich habe keine Zeit.« Ich störe Sie auch gar nicht lange. Wobei störe ich Sie überhaupt? »Hausbauen, was sonst. Sieht man das nicht?«

Hätte es beim Manno nicht gegeben!

Doch, doch, äh, sicher. Ich habe im Prinzip auch nur eine einzige Frage. »Das ist dann genau genommen die dritte. Aber klar. Mit mir könnt Ihr's ja machen! Also: Frag!« Die Frage, die ich Ihnen stellen möchte, lautet: Warum gerade hier? »Öh! … Öh, was?« Ich meine … »Öh, wie? Sie fragen mich, warum Sie mich gerade hier fragen? Ich meine, ich bin nur ein einfacher Bauer, Fischer und Dieb, aber vergackeiern lassen muss ich mich deswegen noch lange nicht.«

Tut mir leid, ich habe mich unklar ausgedrückt. Ich wollte fragen: Warum bauen Sie gerade hier ein Haus? »Sehen Sie, ich hab's gewusst! Sie haben nicht aufgepasst. Wenn Sie aufgepasst hätten! Ich baue hier ein Haus, weil ich hier Korn anbauen und Fische angeln kann und Dings halt.« Aha. Dings halt? »Leute beklauen.« Na, da schlagen Sie ja drei Fliegen mit einer Klappe! »Ich weiß zwar nicht, was eine Klappe ist, aber Fliegen schlage ich gern. War's das, oder wollen Sie den ganzen Tag hier herumlungern?« Nein, ich habe nur noch … »Jaja, schon klar, stell sie ruhig, deine andere erste Frage.«

Also, nur mal so: Wo kommen Sie denn her? »Spielt das irgendeine Rolle? Geht das irgendjemanden was an?« Na ja, wie soll ich's Ihnen erklären. Nachfolgende Generationen fänden das schon spannend. »Aha, fänden sie das.« Ja wirklich.

Hermann rührt wieder in seinem Lehm. Ich weiß nicht, ob es klug ist, Ihnen das zu sagen – aber die Gelegenheit ergibt sich wohl nur einmal. »Die Gelegenheit, mich vom Bau des ersten Hauses an der Neckarmündung abzuhalten?« Nein, die Gelegenheit, Ihnen zu sagen, dass ich Ihr Urururururururururenkel bin.

Manno kratzte sich am Kopf, dann unter den Achselhöhlen, kratzte sich den Bauch, und dann den wichtigen Rest. »Mein Urururururururururururenkel? Dann bin ich ja Urururururururururgroßvater!«

Er fiel mir um den Hals und drückte mich. »Ich werd verrückt!« Und so geschah es, dass der erste Mannheimer nicht nur der Stadt seinen Namen gab, sondern seinem Nachfahren diskret die Geldbörse aus der Gesäßtasche zog und sein im Bau befindliches Haus zu einem Irrenhaus wurde.

MANNHEIM AUF DER COUCH II

Mannheim ist bekanntermaßen keine der großen alten prächtigen Städte. Mehr so eine der mittelalten mittelgroßen und mittelprächtigen. Ein Grund, das Verdikt eines Psychiaters zu hinterfragen. Aber vielleicht ist er ja der Falsche, um den Seelenzustand der Stadt zu untersuchen. Vielleicht gehört Mannheim gar nicht auf die Couch, sondern auf die Kindercouch.

In einer dunklen Spelunke (»Donnersberg Tapas y mas«) in einem dunklen Mannheimer Stadtteil (Lindenhof) treffe ich eine in Mannheim ansässige Kinder- und Jugendpsychologin. Judith Pebbles kennt die Stadt aus vielerlei Sicht, aus ihrer Studentenzeit, vom Nachtleben her, als Familienmutter und als ganz normaler Mensch, der hier lebt und wirtschaftet.

Frau Pebbles, Mannheim macht den Eindruck, als sei es gerade im Umbruch, als fände eine Identitätssuche statt. Ist diese lang anhaltende Identitätssuche entwicklungsbedingt? »Klar, insbesondere Industrie gegen Kultur, Mannheim sollte Arbeiterstadt sein und will das nicht mehr, kann es nicht mehr. Das Lustige ist, es gibt gefühlt mehr Arbeitslose als Arbeiter.«

Kinder einsperren als Universallösung ...

Gleich zu Beginn offenbart die Diplom-Psychologin ihre starke Beobachtungsgabe und die seltsame Neigung, eine gemachte Erkenntnis durch eine zweite zu vernebeln. In punkto Verwirrtheit hat die Psychologie ja auch einen Ruf zu verlieren.

Jetzt schwebt den armen Mannheimern seit ewig und drei Tagen Heidelberg als Vorbild vor, als großer Bruder, der nur Bestnoten nach Hause bringt, so ein – pardon – scheiß Streber, dem man in nichts das Wasser reichen kann. »Das Beispiel ist sehr gut gewählt! Im Prinzip ist der Versuch nachzueifern zum Scheitern verurteilt. Ich würde mit einem kleineren, nicht ganz so begabten Kind immer versuchen, eigene Stärken zu suchen. Aber ich würde unter keinen Umständen dasselbe machen wie das große Geschwister.«

Die Universitäten haben ja längst Fächertausch betrieben, quasi ihr Profil flurbereinigt. Mannheim hat die Wirtschaft insgesamt bekommen, Heidelberg sämtliche Sprachen. Außerdem war Heidelberg lange Zeit Residenz, Mannheim gerade mal 70 Jahre. Heidelberg ist und bleibt ein Touristensymbol. »Ganz klar, die Mannheimer müssen sich etwas anderes suchen. Ich sehe aber eine andere Wandlung in Mannheim. Hier war im Gegensatz zu Heidelberg früher der Wohnungsmarkt erträglich, aber die Zeiten sind offenbar dauerhaft vorbei. Wir suchen ein kleines Häuschen oder eine Fünfzimmerwohnung. In dem Segment ist es supereng. Entweder zieht man weit raus oder zahlt sehr viel. Es gibt zu viele Wohnungen, die falsch geschnitten sind für die jeweiligen Bedürfnisse, und zu wenige in der benötigten Größe. In Mannheim ist viel noch wie in den 1930er- bis 50er-Jahren. Aber die Klientel, die bei BASF oder SAP arbeitet, die bleibt eben.«

Trotz des Images? »Ich glaube, dieses Image als Schmuddelkind hat Mannheim vor allem innerhalb Baden-Württembergs. Ich stamme aus einer badischen Kleinstadt. Wenn dort Mannheim in den Medien auftaucht, geht es immer um irgendeine Messerstecherei, um irgendein Verbrechen. Bei meinem letzten Klassentreffen verglich jemand Mannheim mit Karlsruhe und Stuttgart. Das sind die Referenzstädte, die ›großen Geschwister‹. Dass ausgerechnet Karlsruhe den Mannheimern den Platz als zweitgrößte Stadt in Baden-Württemberg weggenommen hat! Die müssen da regelwidrig irgendwas eingemeindet haben. Oder vermehrt Kinder gemacht.«

In der Liste der deutschen Großstädte (ab 100.000 Einwohnern) taucht Mannheim wo auf? »Weiß nicht. In der Mitte?« Oh nein. Auf Platz 22. Direkt vor Augsburg, aber nach Karlsruhe. Aber als Referenzgröße wird doch in Mannheim deutlich häufiger München genannt. Vielleicht weil München nach Mannheim die Residenz war? »Hier geht es um Annäherungs- und Vermeidungsziele. Jeder hat zentrale Ziele für sich selbst, die sich in der Entwicklung herausbilden. Vermeidungsziele bedeutet: verhindern, dass etwas passiert. In der Verhaltenstherapie sucht man nach Mitteln, diese abzuschwächen. Die Annäherungsziele sind viel wichtiger: gucken, wo ich hin will. Verhindern, dass ich geringgeschätzt werde. Beispiel: Ich will in meinem Leben eine Buga haben. Darüber kann man sich streiten – wie mit dem großer Bruder! Ich will nicht untergehen, sondern was Eigenes bekommen. Man streitet sich ja auch drüber.«

Wäre die Buga ein solches Annäherungsziel? »Es geht darum, dass man etwas will und das anstrebt. Zu sein wie jemand anderes, das *muss* aber nichts Schlechtes sein! Da wird es kompliziert. Die Frage ist: Soll ich dumpf jemandem nachrennen, weil mir selber nix einfällt? Weil ich nicht im Schatten von jemand anderem untergehen will?«

... und die Spätfolgen

Frau Pebbles sagt, dass das Denkbare zu denken kein Widerspruch zum Denken des Gegenteils ist. Wenn man eine Sache und ihr Gegenteil im Auge hat, nennt man das in Laienkreisen »Schielen«. Unter Psychologen würde man sagen: »Aha, interessant ...« Judith Pebbles bestellt noch einen Grauburgunder, ich bleibe der Gerste treu. Im Wein liegt die Wahrheit, im Bier schwimmt die Weisheit.

Sind in Mannheim Selbstbild und Fremdbild kongruent? »Das kommt darauf an, wen man fragt. Ich bin ja selber Teil der Stadt geworden und habe mein Bild von der Stadt. Von außen geht es eben immer um den Jungbusch, die Messerstecherei. Dann um eine Vergewaltigung, als da ein Mädchen zu Tode kam. Eine Studentin aus Litauen wurde ermordet. Das war aber alles im Jungbusch!«

Wo würden sie das lesen, was die Mannheimer wollen, dass die anderen es lesen? »Was meinen Sie?« Mannheimer freuen sich zum Beispiel über sportliche Erfolge. Sie sind stolz, wenn jemand für etwas von weither anreist, wenn ein Maimarktbesucher aus Rosenheim kommt, ein Konzertbesucher in der SAP-Arena aus Münster. Das beweist vermeintlich, dass Mannheim wertig ist, dorthin zu fahren. »Aha, verstehe.«

Ich bestelle Frau Pebbles noch ein Getränk, ich bestelle mir eins mit. Da sie einen brechend vollen Terminkalender hat, mussten wir diesen Termin in den Abend verlegen. Kann es sein, dass Alkohol partiell dazu führt, dass der Fragesteller Fragen stellt, die sich gar nicht stellen? Jawohl, und genau das sollte als Warnhinweis auch auf den Alkoholflaschen in mehreren Sprachen draufstehen.

Kann man gegen das Fremdbild »Messerstecher- und Industriestadt« ankämpfen? »Da müsste man Markt- und Werbepsychologen fragen. Als Individuum würde ich das schon machen, also ankämpfen. Ich selber sauge dieses Image ja auch so auf.«

Das Ruhrgebiet hat schon vor Längerem eine Kampagne lanciert, die den Freizeitwert betont, die Kultur, das Grüne. »Wenn man den Ruf hat, ungesellig zu sein, muss man auch mit Soziologen darüber sprechen. Duisburg zum Beispiel ist vom Image her so schlimm gescheitert, als das Love-Parade-Unglück passierte. Vielleicht typisch für ein Scheitern, wenn man nicht alles kann, was man können müsste. Man beachtet die Details zu wenig. So war es bei der Love Parade ganz einfach zu eng!«

Sicher haben die Duisburger sich auch selbst überschätzt. Und was, wenn man ein Alleinstellungsmerkmal hat? Wie geht man mit dem Schoko-Geruch um? Soll man ein öffentliches Quiz veranstalten, ob gerade Zartbitter oder Nougat hergestellt wird? »Weiterhin ignorieren.«

Es soll ja eine Zeit gegeben haben, als es schick war, in die Filsbach zu ziehen, als Schokolade noch ein seltenes, teures Luxusgut war. »Das ist heute ein interessanter Punkt. Die Filsbach hat einen schlechten Ruf, weiterhin. Aber ich kenne Kollegen, die in den Quadraten wohnen und arbeiten, die früher ausnahmslos in Vororten oder in Ladenburg ansässig waren. Gentrifizierung Filsbach.«

Wenn denn Mannheim gerade in einer Coming-of-Age-Phase ist, heißt das ja:

0. Phase: Spielen im Matsch
1. Phase: Kurfürstliche Residenz
2. Phase: Industriestadt
3. Phase: Dienstleistung

Das wäre also gerade jetzt Anfang des zweiten Jahrtausends die präpubertäre Phase? »Bei Kindern findet die präpubertäre Phase etwa zwischen 9 und 12 Jahren statt. Das Interesse am anderen Geschlecht ist *nicht* ausgeprägt. Das Kind übernimmt schon mehr Verantwortung. Aber Risikobereitschaft ist noch *nicht* da, auch noch *nicht* das Auflehnen gegen Autoritäten.«

Bei der letzten Meisterschaft der Mannheimer Adler haben mich auffällig viele Menschen darauf hingewiesen, dass es sehr wohl große Feierlichkeiten gegeben hat. Dieser spezifische Hinweis zeigt ja die Vermutung, außerhalb der Stadt könnte man etwas anderes denken. Dass die Mannheimer die deutsche Meisterschaft in der hier wichtigsten Sportart *nicht* groß feiern! (nickt) »In einem SPIEGEL-Artikel über eine Folge des ›Tatort Kiel‹ hieß es: ›Die Darstellung des sozialen Brennpunkts war authentisch, wie man ihn in Duisburg oder Mannheim finden würde.‹ *Das* ist typisch.«

Wäre die Fusion mit Ludwigshafen eine mögliche Seelenkur? »Patchworkkonstruktionen haben immer eine Chance, sind aber ausnahmslos mit Schwierigkeiten behaftet. Mannheim würde zweifellos eine Führungsrolle beanspruchen. Zum Beispiel machen Mannheimer einen großen Bogen um die Rheingalerie Ludwigshafen. Die meisten Leute sagen sich: Wozu sollte man dorthin?«

Kann Mannheim leichter auf Ludwigshafen hinabschauen, solange die zwei Städte getrennt bleiben? »Exakt. Die wollen jetzt den Berliner Platz umbauen. Das ist eine Bastelei in Ludwigshafen – unglaublich. Das wird dann alles immer nix. Die Rhein-Galerie ist immerhin kein kompletter Rheinfall. Leute aus dem pfälzischen Umland fahren gern dahin. Ich war schon zweimal da.« Wow! »Ja, es ist aber nicht so toll. Man hätte es machen müssen wie ehemals Horten/Galeria-Kaufhof am Bismarckplatz in Heidelberg. Im Sommer kann man auf der Terrasse sitzen, hat aber keinen tollen Blick. Die Balustrade ist so hoch. Und man hätte für den Winter auch die Essdinger verglasen sollen. Die Idee einer Fusion finde ich spannend, würde aber große Widerstände erwarten.«

Das ist zweifellos eine Mannheimer Spezialität: Aufreger wie die Stadtbahnlinie Nord, die SAP-Arena vs. Feldhamster oder die Buga. Trügt der Eindruck, dass dieser Wesenszug charakteristisch für Mannheim ist? »Es gibt ausreichend Leute, die relativ viel Zeit haben, Ewigstudenten, Arbeitslose, Senioren, linke Motzer mit kleiner Erbschaft.«

Frau Doktor, wie lautet Ihre abschließende Diagnose? ADHS? Sollte man ein paar Tonnen Ritalin über der Stadt ausschütten? »ADHS diagnostiziert man immer gern. (lacht) Vielleicht ist es einfach nur eine Krise des Jugendalters, die ähnliche Folgen hat. Vielleicht wird einfach zu wenig selektiert. Ritalin soll ja nicht ruhigstellen, sondern die Fähigkeit stärken, selektiver wahrzunehmen und Reize auszuwählen. Das Frontalhirn soll aktiviert werden und Filter bilden. Wenn der Filter fehlt, schwemmt alles ungebremst rein. Ich fahre dann auf das Nächstbeste ab.«

Vielen Dank für die Sprechstunde. Ihr Rezept wird umgehend dem Patienten und seinen Erziehungsberechtigten zugestellt.

MMMMMMMAIMARKT

MAIMARKT RELOADED (UFFGELADE) I

Top-Ten-Lesetipps während eines Maimarktbesuchs:

- Das Sein und das Nichts (Sartre)
- Suizid als Dauerlösung (Anonym)
- Wege aus dem Universum (Tiberius Kirk)
- Quadratschädel (Tiberius Baumann)
- Bild-Zeitung (French Edition)
- Das aktuelle Telefonbuch von St. Leon/Rot (Donna Leon)
- Die Seriennummer auf dem Fünf-Euro-Schein (Serviervorschlag)
- Reisewege nach Viernheim (Kurt Wilhelm alias Der Groiner V)
- Seite 472 in diesem Buch
- S Wochebläddl (Egon Timm)

MAIMARKT RELOADED (UFFGELADE) II

+ + + Ortstermin + + +

Wie viel kann das Auge trinken, wann sind die Ohren voll, weshalb gibt es so viel Uninteressantes, wer glaubt einem schon die berühmte Regel: 99 percent of everything is shit.

Die Adler haben heute abgesagt, die Luft in den Hallen ist bereits früh am Tag weit unterhalb von schlecht. Am Sonntag davor muss es die Hölle gewesen sein. Draußen sind viel zu wenige Sitzplätze. Die Sitzgelegenheiten derer, die da Sitzgelegenheiten anpreisen, sind drohend mit Schildern gewappnet. Einfach nur rumsitzen wird von Standbetreibern nicht gern gesehen, sonst hießen sie ja Sitzbetreiber. Ich suche und suche nach den Bildern, Gesprächen, ich suche nach gehaltvollen Aussagen.

Der Rot-Kreuz-Stand: »Hier mein Presseausweis. Ich schreibe ein Sachbuch für den Kölner Emons-Verlag.« Vor mir, aber auf der anderen Seite des Tisches, auf dem Gespräche über einzelne Spenden stattfinden sollen, über die Dichte der Ersthelfer, die Kosten eines Hubschraubers, die Familiengeschäfte von Rot-Kreuz-Gründer Henri Dunant, die Markenrechte an Dingen, die rot sind und kreuzhaft in der Form, wie damals die Oma von Rot-Kreuz-Sanitätern eine Wendeltreppe hinab getragen werden musste, mit offensichtlich grauenerregenden Koliken, Bauchschmerzen des höllischsten Kalibers, bleich im Antlitz, schwitzend vor Pein, und urplötzlich, vier Etagen tiefer, im zweiten Stockwerk, eine monströse Blähung absonderte, mit Tuba-Extra-Bonus, von der Trage aufstand, sich lachend bedankte und frohgemut alleine die Treppe hochstapfte. Vor mir ist jedenfalls jemand, der etwas sagt, das ich sofort wieder vergesse. Wie machen das die Leute bloß?

Nebenan ist Amnesty. Und Amnesty entwaffnet. So ist Amnesty halt. »Nette Menschen müssen zu uns an den Stand

Pyramidal-Protz im Glück. Und die anderen, radieschenlosen 364 Tage?

kommen! Ich hab die Regel nicht gemacht. Und Sie sind nett!« Später gehe ich noch einmal an denselben Stand, sehe, dass fünf von sechs Amnesty-Beratern im Gespräch sind und antworte der auf mich zustrebenden Dame mit rundem Mittelleib auf die per Schild gefragte Frage: »Wo findet Folter statt?« mit einem fies gewisperten »In meinem Kopf!«.

Machen Sie sich nichts vor. Für Standinhabende ist der Vorbeiflanierende entweder:

a) Multiplikator, b) zahlender Kunde, c) Newcomer, d) Werbegeschenkeritter, e) reicher Erbe, f) Politheini, vor dem man kotauen soll, g) Klauarsch einer konkurrierenden Caritativ-Korona, h) taubstumm Blinder mit Sinnhemmung, i) Mannheimer, ausgebildeter Schlurf, Kretin, mit Mords-Zusatzfunktion, j) Hund, k) dummer Hund, 11) junger dummer Hund, 12) Pressehurz der »Rhein-Freiexemplar gefällig-Pfalz«, m) Ausländer, die dachten, es gäbe hier eigentlich was, n) Ausländer, die dachten, es gäbe hier wenigstens irgendwas anderes, o) Ludwigshafener, der sich von Odenwäldern ernährt, p) Odenwälder, der sich von Ludwigshafenern ernährt (oh doh, wos a portiouun!!), q) RNF-Praktikantusen, mit ihren Boyfriends, auf der Suche nach, r) Otto Müller, Gummibärfabrikant, »der Topstory vom Maimarkt-Dienstag«, s) sich selbst per Langeweile-Selfie, t) Menschlein von der JUH, Johanniter-Unfall-Hilfe, jung und hilflos, u) qualifizierter Träger eines Maimarktbechers, Inhalt: Bayerische Creme mit Erdbeeren und Sahne, v) Leiche, w) Wiederauferstandener, x) Ausgetretener, der auf das DRK schimpft, y) Eingetretener, der aufs DRK schimpft, z) Zorro.

Amnesty-Mitarbeiter wissen, was Folter ist. Aus eigenem Erleben.

MAIMARKT RELOADED (UFFGELADE) III

»Ich will mir auch mal Sachen ankucken,
die mich *nicht* interessieren.«

– Der Jörg aus meiner Stammkneipe –

MAIMARKT RELOADED (UFFGELADE) IV

Und dann ist da der Buchverlag »Quadrate TV«. Leute, welche Bildbände erstellen in Kleinstauflagen, was bedeutet, dass ein Exemplar rund 50 Euro kostet. Wieso heißt der Inhaber Sandmann? Rätsel des Knalltags.

Obacht, Zitat. Schnallen Sie vorher sicherheitshalber Ihre Fußnägel fest, sonst rollen sie sich hoch. »Lebensbeschreibungen von Pädagogen aus vergangenen Zeiten. Hans-Georg E. Sandmann liest aus den ›Kalenderblättern des Kalenders im Dreieck‹ und zeigt, wie diese Pädagogen wohl etwas Neues hervorbrachten, aber dennoch Kinder ihrer Zeit geblieben waren.« Anders gesagt, falls Ihre Wasserschildkröte gerade unplanmäßig naß geworden ist, und Sie haben eine Foto-Love-Story über dieses historische Kurpfalz-Ereignis verfasst – hier bringen Sie es unter.

MAIMARKT RELOADED (UFFGELADE) V

Sein Name ist Kirchgässner, Christian Kirchgässner. Der Bezirksbeiratssprecher (Jobs gibt's ...) der CDU erklärt mir, dass die Sitzungen der CDU in Mannheim nicht öffentlich sind, schlägt mir vor, eine Wahlveranstaltung zu besuchen, ahnend, dass er mich damit ein wenig beleidigt, sieht es auch sofort ein, gibt hingegen zu bedenken, dass das, was ich hinter den Kulissen zu sehen hoffe, nicht mehr hinter den Kulissen wäre, wenn ich dabei wäre und somit sich die Leute auch anderes verhalten würden, was ich meinerseits ja auch weiß und sofort einsehe. Sein abschließender Händedruck ist der eines Mannes, der weiß, wie es sich anfühlt, als Volksparteimitglied immer und ewig die zwote Geige zu spielen. Manchmal quietscht's halt.

Drei Highlights aus dem heutigen Tagesprogramm:
1. »Baumpatenschaften« und »Tag der Artenvielfalt«, Stadt Mannheim
2. Die BASF-Werksfeuerwehr zeigt, wie sie Dekontaminierungen durchführt
3. Gamsbart Trio im Festzelt

MAIMARKT RELOADED (UFFGELADE) VI

Am Stand des Auktionshauses Schwab überrascht mich erstens, dass die Standinhaberin weder vertrottelt ist noch im scheintoten Dämmerschlaf liegt, was sie auffallend von den Standnachbarn abhebt, zwotens dadurch, dass ein mutmaßlich vor Kohle platzendes Unternehmen einen verhältnismäßig kleinen Stand bestellt hat. Ich setze mich ganz bescheiden neben Frau Kalinowski und mache ihr einen Heiratsantrag.

Die Schwabs sind erst vor fünf Jahren von Ladenburg nach Mannheim gezogen und prahlen, prunken und protzen damit, das *einzige* Kunst- und Antiquitäten-Haus in Mannheim zu sein. Ich prahle, prunke und protze zurück, der *einzige* Mannheimer Comedy-Autor in Köln zu sein. Das bringt aber alles nichts, denn wir werden unter- und abgebrochen von einer stämmigen Jung-Rentnerin: »Nehmen Sie auch Bilder an? Ich habe nämlich welche von meinem Mann geerbt. Und meine Kinder wohnen auswärts. Haja, und wenn ich mal sterbe, dann haben die dann die Last damit.« Nicht nur ist die Dame rücksichtsvoll, sie hat im selben Atemzug auch noch einiges mehr an Lebensgeschichte im Rucksäckchen. Ich verkrümele mich.

Drei Highlights aus dem *täglichen* Top-Programm:
1. »Zöpfe flechten« im Afrikanischen Dorf
2. Sonderschau Mollusken, Führungen durch die Molluskenausstellung
3. Radio zum Anfassen und Fernsehen zum Reinschauen

MITTE

Wenn der Japaner freiwillig den letzten Gang antritt, rammt er sich das Schwert in die Mitte des Leibes, wo er die Seele vermutet. Sucht der Buddhist Entspannung im Yoga, ist die Bedeutung der Mitte nicht zu unterschätzen. Als dereinst Gerhard Schröder die neue Mitte ausrief, war ihm der Sieg der Wahl gewiss. Und wo werden moderne Fußballschlachten zu Gemälden des Sieges, wenn nicht im defensiven Mittelfeld.

Wenn der Moslem seine Mitte sucht, so tritt er den Weg nach Saudi-Arabien an, und irgendwo im heißen Sand liegt die Stadt Mekka, die gefühlte Mitte der Religion. Und mitten in Mekka liegt ein heiliger Steinklotz, die Kaaba, und ein bisschen anfassen muss der gute Moslem sie schon, wenn er die unter Umständen weite Reise antritt. Denn das führt ihn ins Paradies.

Wenn also die Mitte gleichbedeutend mit der Wahrheit ist, dann, lieber Leser, liebe Leserin, ist es doch nun, wo wir streng mathematisch Pi mal Daumen in der Mitte des Buches, und, ja zufällig auch in der Mitte des Alphabets angekommen sind, an der Zeit, sich dezent zu erkundigen, ob denn Mannheim dort, wo seine Mitte liegt, auch friedlich sein Ommm vor sich hin brummt. Doch wo liegt seine Mitte?

Nimmt man einen Informanten von der Kategorie »Dahergelaufen«, wird er einem auf die Frage »Verzeihen Sie, wo befindet sich wohl die Mitte dieser grenzenlos schönen Stadt?« gewiss ein melodiöses »Hajo, am Paradeblads!« entgegenquaken. Da Sie nicht zurückquaken möchten, wenden Sie sich diskret ans Vermessungsamt. Ebenso diskret werden Sie über die Mitte Mannheims Antwort erhalten.

Amtliche Gauß-Krüger-Koordinaten:
Rechtswert = 3463875 Hochwert = 5484848

Geografische Koordinaten:
B = 49° 30‘ 1,8“ nördl. Breite, L = 8° 30‘ 4,4“ östl. Greenwich.

Und dann teilt der Katasterbeamte noch mit, dass als Berechnungsmodell der »Schwerpunkt einer homogenen ebenen Figur« angenommen wurde. Darauf einen Dujardin.

Die Mitte Mannheims ist am leichtesten über die Haltestelle Exerzierplatz erreichbar. Man darf sich nicht scheuen, rechts am Marktkauf vorbei den schmalen Weg neben dem hohen Zaun entlangzugehen. Der Mann, der den Cerberus des Gebetsvereins mit dem hohen Zaun spielt, fletscht die Zähne. Mit wem aus welcher Kultur wie kulturell zusammengearbeitet wird, bleibt geheim. Ich solle mit dem Vorstand reden. Und ich lüge, dass ich nie mit Vorständen rede. Wenn ich dem

Käppchenkasper aber erkläre, dass ich zur Mannheimer Mitte recherchiere, steigt seine Paranoia womöglich noch.

Mannheim beweist: Hier gibt es viele kastenförmige Gebäude mit Flachdächern. Zugegeben, in Gewerbegebieten ist dies üblich. Hier aber spiegelt es die Funktionalität der Stadt wider. Ja, Mannheim ergießt sich in Transparenz, Vielseitigkeit, offener Straßengestaltung und Zugänglichkeit. Transzendiert nicht gerade das Amalgam des Melting Pots Wohlgelegen mit dem höflichen Hefeduft der nur Armlängen entfernten Eichbaum-Brauerei, die Ziehmutter und Vorreiterin der Umwandlung des Malochermolochs in das dynamisch-moderne Dienstleistungs-Minimetropölchen? Oh, wie kraftvoll pumpt das Herz des Kurpfälzers!

Gib mir deine Flohmarktgänger und Friedhofsbesucher, zeig mir die verhallten gebellten Befehle vom Exerzierplatz und weise mir das gesenkte Haupt vor den gemütlich modernden Toten auf dem Hauptfriedhof. Yes, that's the soul. Der Schwerpunkt, die wahre Mitte der Stadt pulsiert in der Nähe der Ecke Joseph-Meyer-Straße / Jakob-Bensheimer-Straße. Wann aber, ach wann wird auch hier ein Schild stehen der »Mannheimer Wegmarken«. Zeigt sich bereits das Antlitz der ersten mutigen Touristengruppe? Warum? Sie fragen, warum gerade hier? Was mag sich der alte, modermorsche Kurfürst dabei gedacht haben, die Mitte aus der gefühlten Mitte der Quadrate hinaus zu verlegen?

Ein Blick in den Plan der Umgebung macht uns klug. Hier residiert der Duden-Verlag, der Herausgeber einst so unsterblicher Nachschlagewerke wie »Das Synonymwörterbuch«, »Bedeutungswörterbuch« oder – seufz – »Die neue Korrektor-Version 7.0«. Was kann denn der Duden dafür, dass heute Hinz so schreibt, wie Kunz es will.

Sei es der Hauptfriedhof. Sei es die Eichbaum-Brauerei, stark bedroht von Beck's Gold und Monster Ripper. Auch die

Zentrale des Bauhauses logiert vor Ort. Sie erinnern sich an Bauhaus? Wo sie Schrauben noch persönlich abholen kommen können, anstatt sie liefern zu lassen oder per 3-D-Drucker zuhause zu erzeugen.

Radio Regenbogen gleich nebenan ist nicht aus San Francisco, nicht hippiebeseelt und nicht schwulenfreundlich, sondern spielt profanen »Adult Contemporary«, den Sound der Abifeiern von Bierbäuchen. Der Radio Regenbogen Award geht an Künstler wie Spandau Ballet, Scorpions und Annett Louisan, und ebenso klingt Adult Contemporary. Wie toter Mainstream.

Die einzige ehrliche Seele ist der nahe Flohmarkt jeden Samstag von 5 Uhr bis 16 Uhr. Gehobener Trash für Elektronikfreunde, schicke Lappen aus Asias Resterampe. Und Mannheimer gibt's zu bestaunen – lebende.

Hier könnte IHR Grüner stehen

MOSCHEE

Hat in Mannheim verschiedene Bedeutungen.

Leutselig in die Runde geworfener Morgen-Gruß in Mannheimer Dialekt mit einem besonders lang gedehnten, betonten »e« und in der zweiten Silbe ansteigender Stimmlage

Kirchenhaus für Muslime

Die Bülent-Ceylan-Perücke im Takt zu Metallica schütteln (to mosh)

In Deutschland gibt es 900 Ditib-Gemeinden. Und auch die gründlichsten Religions-Tolerierer müssen zugeben, dass diese – formalen – Vereine ausgestreckte Arme der türkischen Regierung sind.

In Mannheim verlief die Debatte über eine Mannheimer Moschee, mit Unterbrechung, von 1986 bis 1993. Von 1993 bis 1995 dauerten die Bauarbeiten. Und als sie einmal stand, wurde sie ein Teil des Alltags. In vielen Fällen gab und gibt es Stress, wo ein Moscheebau geplant wird. Viele derer, die dagegen protestieren, sind dumpfe Parolenverbreiter. Einige derer aber, die Moscheebauten vorantreiben, sind gesellschaftlich so modern wie der rechte CSU-Flügel. Genug Öl im Feuer? Let the show begin.

Ich sprach mit dem 1. Vorsitzenden des islamischen Vereins Mannheim, Bilal Dönmez. Ich erkläre ihm Moritz von Uslars Prinzip der 99 Fragen bei dessen Interviews für das ZEIT-Magazin. Möglichst spontan antworten, nicht allzu lang nachdenken und keine Reden schwingen.

Herr Dönmez grinst: »Verstehe. 99 ist die Kette mit den Namen des Propheten. Für jede Perle einen anderen Namen.« Sofort Punkt für ihn.

Ich nehme ihn hart ran: Wie heißt das Maskottchen von Mannheim? »Kenne ich nicht.«

Er kennt den Blumepeter nicht? Na, das wird ja prima!

Wo ist für sie der schönste Ort in der Moschee? »In der Gebetshalle.«

Was ist die schönste Tageszeit in der Moschee? »Zu jeder Gebetszeit.«

Haben Sie auch seelsorgerische Funktionen? »Ja. Wir machen auch Gefängnisbesuche und Krankenbesuche.«

Auch zuhause? »Wir besuchen auch Familien, kommen auch bei Eheproblemen.«

Was dachten Sie, als Sie zum ersten Mal einen christlichen

Gottesdienst erlebten? »Ich habe vorher gedacht, das müsse ein Riesenunterschied sein. Aber wir glauben an einen Gott. Ob Bibel oder Koran. Aber es geht alles um Gott. Die Wurzel ist das Ende. Die Wurzel ist Adam, am Ende trifft man sich wieder im Tod.«

Haben Sie die Hadsch gemacht? »Ja, viermal. Und einmal die Umrah.«

Muss die Moschee nach über 20 Jahren nicht saniert werden? »Nur Kleinigkeiten, zum Beispiel die Wasserleitung. Der Teppich wurde vor zwei Jahren schon erneuert, aber die Außenfarbe ist okay. In fünf Jahren wird wohl ein neuer Anstrich nötig sein.«

Sind Sie Patriot? (lacht) »Gute Frage. Was heißt das? Können wir die Frage weglassen?« Er hätte ja reinfallen können, denn ob deutscher oder türkischer Patriot, ist hier offen.

Was mögen Sie an Ihrer Arbeit am meisten? »Wenn ich den ganzen Tag den Leuten helfe oder wir zusammen beten.«

Was mögen Sie an Ihrer Arbeit am wenigsten? »Meinen Beruf morgens. Meinen Lehrberuf.«

Und der ist? »Raumausstatter.«

Und was machen Sie gerne im Vorstand? »Entscheidungen treffen.«

Welche Berufspläne hatten Sie ursprünglich? »In der Kindheit war Fernsehtechniker mein Berufstraum.«

Auf welchem Tabellenplatz stehen die Adler Mannheim? »Momentan erster«. (richtig) »An Sport bin ich schon immer interessiert.«

Wie wirkt für Sie das Moschee-Gebäude von außen, machtvoll oder einladend? »Für mich einladend. Das Gebäude zeigt, dass es eine Moschee ist. Es ist nicht unsere Moschee, sondern für die Stadt Mannheim.«

Ihr Lieblingsort in Mannheim? »Die Stadtmitte. Da bin ich Mannheimer. Das ist eine kleine Stadt, wie in Istanbul; türkische Läden und so weiter. Türkische Läden passen gut hierher, denn hier leben 43 Nationalitäten.«

Was sagen Sie einem Salafisten? »Dem bin ich bisher nicht begegnet und will das auch nicht.«

Was haben Sie nach dem Anschlag auf Charlie Hebdo gedacht? »Das ist eine terroristische Sache, keine menschliche. Das sind nur Verrückte. Das sind keine Menschen für mich. Wir dürfen einander nicht töten, denn Gott hat uns unsere Seele gegeben.«

Ist die befürchtete Ghettobildung nach dem Moscheebau eingetreten? »Nein. Die letzte Moschee damals – das alte Gebäude – war wie eine Wohnung. Da sagten wir, wir wollen eine richtige Moschee, und da gab es heiße Diskussionen. Nach dem Bau sagten die Bürger: Das ist unsere Moschee, weil sie wirklich offen ist. Am besten gefällt mir, dass Kirche und Moschee nebeneinander stehen.«

Welches ist die schnellstwachsende Religion in Deutschland? »Weiß nicht, kann ich nicht sagen.« Der Buddhismus! »Oh, das hätte ich nicht gewusst!«

Kommen Sie mit Gerhard Widder oder Peter Kurz besser klar? (wie aus der Pistole) »Peter Kurz. Das ist ein Mensch, der ist wie ein Bruder für mich. Wir sind wie Freunde. Der ist nicht nur OB, sondern für alle Menschen da. Bei ihm sind Migranten gleichberechtigt.«

Welche Moschee in Deutschland ist die schönste? »Selbstverständlich die Mannheimer. Das war damals auch die größte. Und die erste richtige. Die in Duisburg ist jünger, die Kölner auch. Unsere ist außen auch osmanisch, die Minarette, aber die Fenster, der Blick ... Viele staunen, wenn sie die von innen sehen.«

Wo beten die Mannheimer Aleviten? (ernst) »Die haben ihren eigenen Verein mit Gebetsräumen in Neckarau. Die heißen Cemevi.«

Wie kommt die Moschee zu ihrem Namen? »Das entschieden der damalige Vorstand und die Mitglieder.«

Warum hat man einen so brutalen genommen? »Das waren die damals. Ob das richtig war, da gibt es verschiedene Meinungen. Ich will mich nicht einmischen.«

Welches ist die größte Glaubensgemeinschaft in Mannheim? »Die Ditib-Moschee.«

Irrtum: Die Atheisten. – Kennen Sie privat einen Atheisten? »Ouh, schwere Frage. Ich hab's mit Glaubensleuten, Kirche und Synagoge. Nein, ich kenne keinen.«

Wie viel wiegt die Moschee? (lacht) »Was soll ich da sagen ... Hmmm ... 300, 400 Quadratmeter ... 1000 ... denke mal, 100.000 ... kann man schlecht sagen. Keller und Garage. Dazu kommen die Turmträger, weil die Erde weich war wegen des Grundwassers.«

Toleranz-Duell

Wer ist Ihr ältestes Gemeindemitglied? »Ein alter Herr, der ist vor 14 Tagen gestorben. Er war 82. Der Verein wurde 1972 gegründet. Ich selbst habe seit 1974 mit dem Verein zu tun gehabt, von Kindheit an.«

Waren Sie mal in der Synagoge? »Ja. Wir treffen uns fast alle zwei Monate. Haben eine christlich-islamisch-jüdische Gemeinde.«

Was wundert Sie am meisten am Christentum? »Dass die Priester Profis sind. Die reden über alles offen. Und schweigen nicht. Die sagen einfach, wie es ist.«

Warum findet das Freitagsgebet nicht auf Deutsch statt? »Bei uns wird erst türkisch, dann arabisch, dann deutsch geredet. Weil der Koran auf Arabisch gelesen wird.«

Stimmt es, dass die ersten beiden Bauleiter der Moschee jeweils mit der Kasse durchgebrannt sind? »Nee.«

Wie gehen Sie mit Hooligans um? »In Mannheim haben wir momentan Gott sei Dank keine Probleme mit solchen Leuten.«

Haben Sie Probleme mit Nachtschwärmern? »Nein, nein, nein.« (Ich meine, dass er mich falsch verstanden hat und verstehe ihn falsch.) Ich meine nicht Nachbarn, sondern: Nachtschwärmer, Leute, die an die Fassade pinkeln oder so. »Jaja, beim Ramadan, beim Fasten, abends kommen die gern.« (Tja) »Wo wir sind, bei uns ist ja direkt nix, erst hinter der Dalbergstraße geht's los.«

Babble Sie monnemerisch? (lacht) »Monnemerisch, ja, mir sind Monnemer.«

Ihre Lieblingsfarbe? »Rot. Grün und Blau. Weil das unsere Moscheefarben sind.«

Wie wird die hiesige Gemeinde aus der Türkei gesehen? »Wir haben mit der Türkei nix zu tun, wir haben unsere eigene Satzung. Wir haben unseren Sitz hier, nicht in der Türkei.«

Haben Sie immer Zeit, alle fünf Gebete mitzumachen? »Wenn ich arbeite, leider nicht. Sonst ja.«

Warum sind die Gebetszeiten so krumm? »Das liegt am Tageslicht und am Lichteinfall.« Vielleicht hat er mich da falsch verstanden …

Mögen Sie den Neckar oder den Rhein lieber? »Den Neckar.«

Warum? »Weil wir da sind.«

Mit wem in der Liebfrauengemeinde verstehen Sie sich am meisten? »Mit allen. Vorstand, Pfarrer …«

Haben Sie vier Frauen? (Lacht) »Gott sei Dank nur eine, die reicht schon. Nur ein Verrückter hat vier Frauen.«

Wie stehen Sie zur Cousin-Ehe? »Ja gut, das ist Familiensache. Ich bin nicht dagegen, aber meine Familie ist nicht so. Meine Kinder sind anders. Ich habe fünf Kinder.«

Wie viele Stunden arbeiten Sie pro Woche? »In der Moschee fünf Stunden am Tag.«

Und den Rest als Raumausstatter? »Ja.«

Gucken Sie das RTL-Dschungelcamp? »Leider nein, ich habe keine Zeit fernzusehen. Ein großes Problem. Ich bräuchte 25 Stunden, um Fernsehen zu gucken.«

Schöner beleuchtet als jeder Imbiss

Mögen Sie Bülent Ceylan? »Gerne. Als sein Vater gestorben ist, haben wir hier aus dem Koran gelesen.«

Was war Ihr erster Eindruck von Mannheim? »1973, als ich herkam, lag hier Schnee. Über 70 Zentimeter! Ich habe meinem Vater gesagt: Wenn das immer so ist, bleibe ich nicht lange. Mein Vater sagte, wenn der Frühling kommt, wird es anders. Dann kam der Frühling, und ich bin geblieben.«

Fühlen Sie sich als Repräsentant des türkischen Staates? »Nee. Ich bin nur hier im Vorstand.«

Haben Sie schon einmal aus Versehen Alkohol getrunken? »Nee, bisher nie. Im Freundeskreis in der Schule habe ich einmal eine Zigarette probiert, und dann habe ich mir gesagt, die kommt mir nie wieder in die Hand oder den Mund.«

Haben Sie schon einen Nachfolger ausgeguckt? »Ja, da gibt es viele, im Jugendvorstand. Und viele Mitglieder.«

Wie viele Besucher kommen zu Ihnen? »Freitags bis zu 1.000. An hohen Feiertagen 2.500 bis 3.000.«

Wie ist die Parksituation im Moment? »Wir haben 40 Parkplätze in der Tiefgarage. Wir haben mit dem Penny eine Belegung vereinbart, nur freitags und an Feiertagen, das haben sie genehmigt. An normalen Tagen gibt es manchmal schon Probleme.«

Ihr Lieblingstier? »Hund.«

Eine bestimmte Rasse? »Kangal.« Ein türkischer Hirtenhund, der als eigene Rasse von dem einen türkischen Hundeverband anerkannt wird und von dem anderen nicht.

Mögen Sie Schokoladengeruch? (lacht) »Manchmal nicht. Wenn sie frisch gerührt wird, ist es manchmal schlimm, aber sonst finde ich es angenehm.«

Benutzen Sie das Wort »Schweinerei«? »Bisher nicht. Ich sage immer: Schade oder Scheiße.«

Darf man hier rauchen? »Nein. In der ganzen Moschee nicht.«

Wo kaufen Sie Lebensmittel? »Hier im türkischen Laden in Mannheim. Und Aldi, Penny, Edeka. Aber Fleisch, das selbst geschlachtet wird.«

Welcher Laden ist das, als Empfehlung? »Den will ich lieber nicht nennen.«

Was ist das dümmste Vorurteil gegenüber Moslems? »Viele Nicht-Moslems unterscheiden nicht und urteilen einfach. Die kennen den Islam einfach nicht. Mit uns kann man offen reden, und dann geht das! Einfach hingehen und zusammensetzen! Man kann miteinander nicht umgehen wie Radikale und Terroristen.«

So weit Herr Dönmez, ein witziger, wacher Mann, wertkonservativ, vielleicht sogar etwas brav, aber freundlich.

Ich wandere in die Neckarstadt und ins wieder auferstandene »Uhland«, ehemals in der Uhlandstraße, jetzt in der Lange Rötter und gestehe freimütig zu, dass als Wirtshausname »Lange Rötter« wirklich behämmert klänge.

Mein Gesprächspartner möchte nicht erkannt werden, stammt aus einem sehr unangenehmen islamischen Staat, lebt schon lange in Deutschland, und wir einigen uns, dass ich ihn Kader nenne. »Weißt du, schau dir alleine mal den Namen an. Die nennen ihre Moschee nach Selim I. Der hatte den Beinamen Der Gestrenge, Grausame, Grimmige. Der ließ alle seine Brüder und Neffen hinrichten. Der war gegen andere

Moslems – ich sage weiterhin Moslems. Muslime, was soll der Quatsch! Der Selim verfolgte Aleviten und Schiiten. Angeblich war er schwul, aber auf jeden Fall hat er sich irgendwann nicht mehr für seine Frauen interessiert. Dann hat er einige Minister umbringen lassen. Öffentlich! Dieser Selim wollte die Scharia als Gesetz für die ganze Welt!«

Kaders Gesicht läuft dunkelrot an, und ich bin froh, dass wir unsere Biere gebracht bekommen. »Und nach diesem Mann benennen die Ende des 20. Jahrhunderts ihre ›moderne‹ Moschee? Das wäre so, als würdest du eine christliche Kirche nach so einem Monster-Papst wie Sixtus benennen, der korrupt war, grausam, eitel, alles, was du willst.«

Füßewaschen überflüssig. Im Jungbusch gibt's Schuhe.

Ich berichte Kader, dass der Verein viel Wert legt auf seelsorgerische Tätigkeiten und sogar Hausbesuche macht. »Klar, der Islam kuckt auch unter die Matratze«, grinst Kader maliziös. Er berichtet über die zehn Millionen D-Mark, die die Moschee gekostet hat, die offiziell von Mannheimer Bürgern stammten. In der Tat dürfte es formal eine Kleinigkeit sein, sich als türkischer Staat genügend Strohmänner zu suchen, die als private Spender auftreten. Die Spielregeln, dass in der Satzung Bildung, Sport, Kultur und Integration stehen müssen, beherrschen derlei Strippenzieher mit Leichtigkeit.«

Kader leitet seine aktive Abneigung gegen den Islam in Mannheim und anderswo auch aus der Vergangenheit ab. »Die Schiiten sind abergläubischer als Sunniten, haben zwölf dieser Verbrecher, nicht nur vier. Die vier Kalifen waren Omar,

Osman, Abu Bakr und Ali. Ali war Mohammeds General, der Metzger. Der hat 500 Juden an einem Tag abgeschlachtet, weil sie nicht zum Islam übertreten wollten. Der Befehl des Propheten war, alle Gräber einzuebnen und alle Hunde zu töten. Aber ganz ehrlich, ich will mit diesem Dreck nichts mehr zu tun haben, sonst hätte ich nicht nach Deutschland kommen müssen. Ich will hier in Ruhe und Frieden leben. Wenn es zum Beispiel in Norwegen so weiter geht, sind die kurz davor, ein islamischer Staat zu werden. Die Vergewaltigungen durch Moslems sind wie verrückt gestiegen!«

Unser nächstes Pils wird gebracht. Selbst vom Zuhören bekommt man einen trockenen Mund. »Schau dir alleine den Namen Sultan an. Sultan heißt auf Arabisch: jemand, der unterdrückt. Hitler wäre ein guter Sultan gewesen. Die Türken halten das für eine neutrale Herrscherbezeichnung. Und der Koran besteht vielfach aus sehr kurzen Sätzen. In die kannst du alles Mögliche hineininterpretieren.«

Kader schimpft zuvorderst auf die Gebetsvereine im Jungbusch und etwas weniger auf die Moschee. Kurioserweise werden die Gebetsvereine von teilweise voll verschleierten Frauen besucht. Bei meinem Ortstermin in der Moschee aber traf ich auf eine reine Männerveranstaltung, zwei Dutzend in höherem Alter und zwei jüngere. Läuft der Alltag mit der Moschee friedlich? Ja, das tut er. Merken Mannheimer Moslems eigentlich, dass das gegenwärtige Mannheim sich von der Religiosität wegbewegt und froh darüber ist? Nein, leider kaum. Kader trinkt das nächste Bier fast auf ex, ich halte aus Höflichkeit Schritt und bekomme zum Abschluss einen Insider auf den Weg. »Ich habe einen Tipp für dich: Im Jungbusch beim Gebetshaus, die haben super guten Döner, weil sie den Gläubigen besseres Fleisch geben als den Ungläubigen.«

NACHTLEBEN

Es gibt in Mannheim kein repräsentatives Nachtleben. Im Dumont-Reiseführer stand und steht da seit eh und je »Alter Simpl«, dann gibt's für Langweiler das »Tiffany« und für Menschen, die Pillen schlucken müssen, damit sie sich trauen zu hüpfen, das »Connection«. Verglichen mit den Schlafstädtchen ringsum, Ludwigshafen, Darmstadt und Heidelberg, bietet Mannheim aber schon immer eine Reihe von Optionen nach Mitternacht.

Seit einigen Jahren haben eine andere Nachtkonzessionspolitik und das relative Rauchverbot dazu geführt, dass die Karten neu gemischt wurden. Und ganz gleich wo man steht, Raucher sind weiterhin eine nennenswerte Größe in Sumpfhausen. Der Uni-Club beispielsweise musste seinen Tribut an die Küche zahlen, die Zentrale ebenso. Das Café Adria ist geteilt.

Ich lasse mir von Annette, einer profunden Kennerin des Nightlifes, einen Querschnitt zeigen, mit definitivem Anspruch auf Unvollständigkeit. Dieses noch dazu in beiderlei Sinne, denn je nächtlicher eine Nachttour, desto unschärfer die Erinnerung daran, desto verschmierter und unleserlicher die Notizen.

Wir starten in einer recht neuen Kneipe, dem »Multi-Kulti« in S1, 12. Der Chef heißt Adnan. Adnan ist stressresistent, rauchfest und humorstabil. Ich erkundige mich nach den beiden Kellnerinnen, die magnetisch die Blicke anziehen.

»Das sind meine beiden brasilianischen Schwestern«, lacht er. Adnan deejayt selbst, natürlich multikulti. »Ich habe hier absolut gemischtes Publikum, aus allen Ländern dieser Welt.« Zumindest an diesem Tag liegen alle Länder dieser Welt in

Afrika. Ein Mann mit Bob-Marley-Wollmütze warnt Annette freundlich, dass ihre Haare fast an der Kerze auf der Theke abflämmen. Ansonsten ist der Marley-Wiedergänger während unseres ganzes Besuchs fest an den Tresen geklebt und beobachtet. Wen auch immer. Was auch immer. Er trinkt nicht, er raucht nicht. Er sitzt.

Ich frage den Chef, ob ich fotografieren darf. »Mir ist es egal, aber einigen Gästen ganz sicher nicht.« Aber wieso? Soll man da nun spekulieren, ob es ums BTMG geht, um Aufenthaltsrecht, um ... Das Multikulti ist mehrfach umgezogen, war vorher in T3, 3. In K4, 19 wiederum gab es eine Shisha-Bar mit diesem Namen. Steht deswegen draußen Multi-Kulti 2?

Ein oberflächlicher Besucher mag denken, hier treffen sich die schwarzen Jungs, um auf blonde Frauen zu warten und währenddessen einfach mal eine zu rauchen. Auch kritische Betrachter werden zugestehen, dass teilintegrierte Afroamerikaner samt ihren latinischen Brüdern geduldig europäischen Frauen ohne Berührungsängste begegnen möchten und dabei selbst vor direktem Hautkontakt nicht zurückscheuen. Der Nachteil ist die hohe Lautstärke, der Vorteil, dass man sich hier sehr gut an die Theke pflanzen und gucken kann.

Wir gucken eine Weile zu und gucken dann, dass wir weiterkommen. Nach kurzem Zögern überspringen wir das »Rhodos«, denn dafür ist es viel zu früh. Aber wer keine Ansprüche an Geschmack hat, dafür auf Stabilität Wert legt sowie auf zerschrammte Möbel und Trash aus der Jukebox, dem sei versichert, dass es den Laden mit den Rekord-Öffnungszeiten nach wie vor gibt.

Stattdessen biegen wir über die Kurpfalzbrücke in die Neckarstadt. Heute Abend ist es draußen zu kalt, keine Adria-Saison, aber der Gastro-Freiluft-Tempel der Neckarstadt will erwähnt werden. Kaum ein Ort ist hässlicher, baumärmer und dennoch billiger und guckfreundlicher. Der Begriff »Flanieren« kommt einem beim örtlichen Publikum mit viel Bodenhaftung nicht ganz locker über die Lippen.

Wir steuern das »Woodstöckl« an. Kader, ein Saurier aus Old-Vienna-Tagen, erklärt mir lückenlos die Geschichte der Kneipe, die ehemals als Instrumenten-Werkstatt der Alten Feuerwache diente, davor oder danach hieß sie Rebstöckel, dann Gude Drobbe, zwischenzeitlich Heaven and Hell, und der namensgebende Patron war tatsächlich Andreas Stöckl, der mit seinem Konzept »back to the roots«, und zwar »very far back to the roots« offenbar richtig lag. Stöckl ist Mitglied des hier heimischen Schachklubs Chaos Mannheim, nach wie vor des unbestritten trinkfestesten Schachvereins der ganzen Region. Und Stöckl behauptet, den aktuellen Oberbürgermeister schon besiegt zu haben, ich könne ihn ja fragen. Ich tue es nicht und frage mich aber auch nicht, weshalb der Neffe des aktuellen türkischen Besitzers Kalle heißt. Und kriege die Antwort, dass man in Mannheim halt so heißt, ob Türke oder Neckarschleimer.

Es gibt Quasi-Profi-Tischkicker, gegen die man nicht antreten will. Häufig ist der Nichtraucherbereich leer, der Raucherbereich dafür umso voller. Toleranz bedeutet manchmal, auch leere Räume zu tolerieren. Die Patina ist echt, bedient den Nostalgiebedarf der alten Gäste. Deckenventilator, alte Brauereistühle im Design der Ära Ludwig Erhards. Passend dazu sind die Holztische mit Einritzungen. Werden die inzwischen in China so hergestellt? Kopierte, verkleinerte Konzertplakate: Van Halen, AC/DC, Jethro Tull, Lenny Kravitz – niemand würde es aussprechen, aber es riecht nach »guter alter Zeit«. Der HD-Fernseher wirkt wie ein Fehler im Bild. Ein Tisch ist Ü30, der andere Ü50. Irgendwo taucht eine Klampfe auf. Lange Debatte, ob man jammen soll und den Kneipensound runterdrehen, die Kellnerin (U30) bleibt lange auf Wirtslinie (Ü50). Dann nach langem Hickhack startet eine Session, nach weiteren Debatten spielt der versierte Gitarrero Bad Moon Rising, Hells Bells, der junge Tisch ist mit Studis der Popakademie gespickt. Schließlich schmeißt die Kellnerin doch wieder Konserven ein, denn keiner singt.

Als das »Woodstöckl« schließt, machen wir uns nicht die Mühe, die Hausschuhe auszuziehen und schlappen über die Straße ins »Posada«. Nichtsahnende mögen dahinter ein südamerikanisches Restaurant vermuten, und kurioserweise stimmt das *auch*. Die Wirtsleute heißen jetzt ausnahmsweise mal Juan und Laura und sind gastfreundlich und tolerant bis fast an die Schmerzgrenze. Früh am Abend gegen 21 Uhr hatte Annette sich am Fenstersims außen hochgezogen, den Kopf geschüttelt und »Nix los« gebrummelt. Weit nach Mitternacht sieht das anders aus. Dreiviertel voll. Auch vor dem Kamin.

Ich frage Juan, ob ich ihn was fragen kann, und frage, wie lange er schon hier ist. Er grinst: »Frag nicht. Ist das nicht egal, wie lange ich hier bin?« Fakt ist, dass er Chilene ist. Und der Pisco, der ausgeschenkt wird, ist chilenisch, ein Traubenmost, der mehr hergibt als der europäische Resteschnaps Trester.

Posada bedeutet Gasthaus, und ob es mal spät zumacht oder früh, ist Juan egal. Er hat immer Zeit. Und grinst. Ich sehe mich in Ruhe um. Der Vorbesitzer betrieb ein griechisches Restaurant. »Saloniki oder so«, kriege ich zugeworfen. Ein bisschen was davon ist übrig. Aber auch ein bisschen von deutschem Vereinsheim.

... und am Ende steht eine Hexenverbrennung

Am Tisch neben der Theke sprechen Latinos spanisch. Das tut auch Gargamel aus Granada, der zurzeit Live-Musik macht im spanischen Restaurant Andalucia, dessen zwei türkische Besitzer es gar nicht mögen, wenn jemand en passant ihre Identität aufdeckt. Immerhin: Er ist Spanier. Es ist Ehrensache, dass Hispano-Musiker im Posada vorbeischauen, wenn sie in der Stadt sind. Die Empanadas sind großartig gewürzt. Manche Köchinnen beherrschen die Kunst, würzig zu würzen, ohne dass einem die Eingeweide abfackeln. Man glaubt gerne, dass sie selbst hergestellt sind. Suchtstoff!

Neben mir sitzt Schorsch, der mir erklärt, was ich sehe: Das Publikum ist Ü40, Ü50. Um die Ecke in der L-förmigen Gaststätte sitzt jetzt ein Paar auf dem Sofa mit einer Körperhaltung, die sagt: Wir müssen nur kurz was besprechen und vielleicht ein bisschen knutschen, dann kommen wir wieder zu euch. Man lässt sie diskret in Ruhe. Wenn die beiden Durst haben, werden sie sich schon melden.

Die Seitenwand wird von einer großen, gemalten Echse beherrscht. Die Leute an den zusammengewürfelten Tischen nehmen die ganze süßlich zusammengewürfelte Einzigartigkeit hin. Man kann sich ja einfach mit jemandem unterhalten, den man nicht kennt.

Juan hat wahnsinnig Sitzfleisch, ist aber auch Macho – wird mir gesagt. Ein Kumpel bittet den Wirt, der natürlich *nicht* hinter der Theke steht, um ein Cola-Bier. »Laura, machst du ein Cola-Bier?« Laura beendet noch schnell ihr Gespräch einen Tisch weiter und ruft ihm zu: »Mach du ihm doch ein Cola-Bier.« »Woher soll ich denn wissen, wie ein Cola-Bier geht?« Laura steht auf und geht hinter die Theke: »Ein Cola-Bier geht im Prinzip wie ein Latte macchiato, nur eben mit Cola und Bier.« Ende einer Dienstreise.

Multi-Kulti T3,3, Tel: 28945
La Posada, Langstr. 6, Tel: 0621-3390893
Woodstöckl, Langstr. 19

NORDPOL MANNHEIMS

In allen vier Ecken soll Wahnsinn drin stecken. Zu allen Zeiten bereiste der Mensch das Ende der Welt. So sehr es ihm auch davor grausen mochte, unterwegs von Seeschlangen verspeist zu werden oder gar vom Rande der Scheibe herunterzufallen, so wenig hat er sich abhalten lassen, das Unmögliche dennoch zu probieren. Es geht nicht? Also versuchen wir's!

Nicht anders widerfährt es den Bewohnern des kleinen Inselchens, das die Verwaltungsbeamten der Jahrhunderte zum heutigen Mannheim geformt haben. Mannheim ist – und für manch einen mag dies den Griff zum Herzmedikament auslösen – Mannheim ist endlich. Nicht dass es eines Tages, Herr behüte!, untergehen werde. Doch räumlich sind der wunderbarsten Stadt des äußersten Nordwestens Baden-Württembergs Grenzen gesetzt. Die Angst, was auch dem mutigsten Abenteurer passieren könnte, wenn er die Grenzen des Denkbaren sprengt, kann der Autor dieser Zeilen niemandem nehmen. Somit also, und nur für die Tapfersten unter den Todesmutigen, der Bericht vom Wege an den Rand des Wahnsinns. Oder, wie Dieter Nuhr einst sagte, eine Reise ans Ende des Verstandes – für viele von uns nur ein Kurzausflug.

In Eskimojacke und Moonboots, mit Walfischtran in den Trinkflaschen und Esbitbrennern, mit Grüßen an Polarfuchs, Eisbär und angemalte Robbenbabys tigern wir todesmutig gen Norden. Also nach Lampertheim. Die B44 führt an Kirschgartshausen vorbei, und plötzlich passieren seltsame Dinge. An der ersten Ampel in Lampertheim fahren wir nach links, denn der Mannheimer Nordpol ist nah. An einer leeren Hans-Pfeiffer-Halle vorbei, an einer Gutsschänke vorbei, am geschlossenen Zugang zum Restaurant Olive – ein Nobelrestaurant, wie man mir sagte, scherzhaft? – und nun haben wir die Wahl zwischen rund 100 freien Parkplätzen. Und wenn man mir die Auszeichnung Macho des Monats ans Klingelschild pappt: Dränge nie deine Liebste, in eine enge Parklücke zu parken, aber dränge deine Liebste schon gar nicht, zwischen 100 freien Parkplätzen auswählen zu müssen!

Neben dem Parkplatz der »Olive« liegt ein Feld brach, daneben führt ein namenloses Sträßchen durch einen größeren Bauernhof mit einigen Pferden, einer Schafherde sowie Gänsen und Hühnern. Das ganze Viehzeug scheint von den Lampertheimern bestellt, um uns zu bekrähen, beschnattern, bewiehern, aber vor allem vollzublöken, denn heute ist Schertag. Darf man das am Feiertag? Ich weiß es nicht, und es sind innerhessische Angelegenheiten, in die soll man sich nicht einmischen, nachher wird man noch mit Handkäse beworfen, mit Äppelwoi bespritzt oder gar einer Bad Bank zum Fraß vorgeworfen.

Das Sträßchen stößt auf einen Spazierweg, der sich am Holländergraben entlangschlängelt. Und da ist er: der echte und wahre, der einzige und richtige, und wichtige und stattliche und wunderschöne Nordpol Mannheims.

Man hat ihn ausstaffiert mit Borkenkäferfallen an den Bäumen, einer fetten gekappten Weide und reichlich Schilf. Stadt Mannheim, Land Baden-Württemberg und Staat Bundesrepublik Deutschland haben es bislang sträflich übersehen, ein Hinweisschild, eine Ehrentafel, eine Großplastik mit zum Himmel gerichteten Mannheimer Händen aufzustellen. *Warum?*

„Da, er bläst, dieser Teufel von einem weißen Wal"

Im nächsten Buch werde ich in dröhnenden Farben davon berichten, wie wir versucht haben einzukehren, in der »öffentlichen Gaststätte Gutsschänke« einen äppelwoifreien Kaffee zu trinken und stattdessen fast von einem durchgehenden Gaul zu Tode getrampelt wurden. Was Hessen-Menschen eben so als Gastfreundschaft verstehen. Aber zum Glück gibt es ja Grenzen, die den braven Bürger im Alltag vor den Barbaren schützen. Halleluja.

01 OBERBÜRGERMEISTER PETER KURZ

OB der Mann Mannheim ins 3., 4. und 5. Jahrtausend führt? Seine Sprache verrät ihn als einen Mann aus der Mitte der Verwaltung. Seine Körpersprache zeigt jemanden, der innerlich dennoch lebt. Seine Mimik variiert. Seine Sprechpausen verraten, dass er nachdenkt. Mag sein, dass er nur nach neuen Worten für alte Gedanken sucht. Er macht zu keiner Sekunde den Fehler, seinen Gegner (68 Kilo) zu unterschätzen. Ist allzeit gefasst, auf Witze über seinen Namen, in alle Richtungen, zu reagieren, Preislage: »Na, Herr Kurz, wie geht's dem Peterle?« oder aber gleich »Es wird ja wohl Gründe geben, weshalb Sie nicht Peter Lang heißen!«

Verschränkt die Arme, bewegt sich, hält dauernd Blickkontakt, hat ganz sicher schon Coachings erlebt. Lässt mich niemals den Zeitdruck spüren bei einem Interview – und nur er weiß, wann der nächste Termin ist. Ich als alter Student kann ja hier ewig im Konfi-Raum rumlungern und drüber philosophieren, ob ich ihn, wie's in der Stilkunde steht, mit »Herr

Bürgermeister« anreden muss, »Doktor Kurz« sagen darf oder ganz normal Piddi?

Ist viel zu tun wegen dem Wahlkampf? »Ihre Kollegen und mein Amtsvorgänger haben es mir vorher gesagt: Es wird auf der Strecke immer mehr. Das, was Sie an Routine gewinnen, überkompensieren Sie negativ durch mehr Netzwerke, mehr Dinge, die Sie selber angestoßen haben, die Sie wieder einholen.«

Hatten Sie dadurch noch keine Zeit, die Bilder an der Wand durch farbige zu ersetzen? »Äh, nein. Die habe ich ja selber ausgesucht. Ich wollte Robert Häusser unterstützen. Das ist einer unserer bedeutendsten Fotografen. Der hat nur schwarz-weiß fotografiert und gesagt, Farbe sei geschwätzig.«

Sie selbst sind mit 31 SPD-Chef geworden. Was sagen Sie, wenn Ihnen ein 31-Jähriger im Nacken hockt? »Kommt drauf an. Es gibt darunter ja solche und solche. Für mich ist die Frage, ob das Leute sind, für die Politik ein Spiel ist, wo es um Gewinnen oder Verlieren geht, um Positionskämpfe und Selbstdarstellung. Oder sind das Leute, denen es auf Substanz ankommt? Mit Letzteren kann ich umgehen. Aber die anderen sind auf einem anderen Spielfeld unterwegs als ich.«

Sie haben früh studiert, den Abschluss als Dr. jur. gemacht, sind Richter – wie oft hat die CDU versucht, sie abzuwerben? »Gar nicht. Das ist zu eindeutig aus meiner Biografie ablesbar. Ich komme aus einem sozialdemokratischen Umfeld. Mit 13, 14 war ich von der damaligen Bundesregierung begeistert. Das war noch Brandt/Scheel, aber dann natürlich Schmidt/Genscher. Sozialliberal war in Ordnung, das waren die Guten. Da war ich auch bei der Friedrich-Naumann-Stiftung. Das Sozialdemokratische hat sich dann mit 16, 17 ergeben.«

Ist das Erbe Ihres Vorgängers leicht oder schwer? (denkt nach) »Unter zwei Aspekten leicht. 24 Jahre sind eine sehr lange Zeit. Und natürlich ist nach 24 Jahren eine Lust in der

Stadt, dass sich etwas bewegt, Lust an einer Akzentsetzung. Und das Zweite: Er interveniert in keiner Weise oder greift als Amtsvorgänger irgendwie in die Alltagsgeschäfte, in Gespräche oder Stimmungen ein.«

Man hat mich vor Ihnen gewarnt, sie seien ein klasse Diplomat. – Wäre es eine Überlegung wert zu sagen, nach zwei Amtszeiten ist Schluss? »Auf der einen Seite gibt es Fälle wie Montpellier, wo der Bürgermeister das 30 Jahre gemacht hat, und daraus ist viel Positives entstanden. Wir reden aber auch über kleine und mittlere Gemeinden. Wenn Leute mit 40 Jahren anfangen, soll man dann sagen: Mit 56 drehste Däumchen oder gehst in die nächste Gemeinde? Derzeit denke ich, nach 16 Jahren sollte man sein Programm abgearbeitet haben – Ausnahmen hin oder her. Aber wer weiß, vielleicht sage ich ja in sieben Jahren was anderes. « (Gelächter)

Was geht mich mein Geschwätz von gestern an: Wann könnte bei Ihnen die Bundespolitik auf dem Programm oder auf dem Plan stehen? »Auf dem Plan eigentlich gar nicht, das muss nicht sein.«

Die brauchen aber gute Leute! »Danke sehr. (zögert) Ich bin da wirklich ambivalent. Das müsste dann so sein, dass ich sagen kann, das was ich erreichen wollte, ist erreicht und auch nicht einfach rückdrehbar und hat die entsprechende Nachhaltigkeit. Wenn morgen – oder auch in einem Jahr – die Anfrage käme, würde ich erst Mal sagen, das ist zu früh. Die zweite Frage ist, wofür, inhaltlich. Nur damit man da in der Bundespolitik mitmischt ... Das sind ja auch andere Formen des Arbeitens. Der große Reiz an diesem Amt des OB ist das Ganzheitliche. Im Bund wäre ich dann, zum Beispiel, gesundheitspolitischer Sprecher. Ich glaube, das wäre zu früh.« Es käme auf das Ressort an? »Ja.«

OB fast gestolpert – über Laptopkabel

Nächster SPD-Kanzler? Schwere Frage, zugegeben. »Da muss ich sagen, man muss auch seine Grenzen kennen.« (lacht) »Da sind noch viele davor. Was da spezifisch verlangt ist, dass Sie auch Ministerien in Berlin kennen und können. Denken Sie an Kurt Beck. Der im Bundestag Erfahrung sammeln konnte, über ein Jahrzehnt ein Land geführt hatte, aber dann in der Bundespolitik gnadenlos ausgebremst worden ist. Da müssen Sie schon das Berliner Milieu kennen und auch medial bestimmte Fähigkeiten mitbringen ...«

Wie haben Sie Frank Mentrup überredet, nach Karlsruhe zu gehen, um dort OB zu werden? »Eigentlich ist das ein bisschen schade. Wir waren befreundet, aber es hat sich dann im Privaten eine persönliche Verwerfung ergeben. Infolgedessen hat er sich innerparteilich auch als Bürgermeister beworben. Damals habe ich mich durchgesetzt. Und dann hat er ... haben wir entschieden, dass Abstand zu Mannheim geboten wäre. Das war zuerst die Landespolitik, aber eben auch ein anderer Ort. Dass er dann zurück in die Kommunalpolitik kam, kann man als kuriosen Zufall bezeichnen.«

Man sieht sich immer zweimal. – Ganz kommen wir am Thema Konversion nicht vorbei. Können Sie dabei nur gewinnen oder auch verlieren? »Natürlich auch verlieren. Ich habe gelernt: Wenn Sie Projekte – zwangsläufig auch mit der Privatwirtschaft – bewegen, dass in einem nennenswerten Teil der Bevölkerung gemischte Gefühle herrschen. Wenn Sie Investoren gewinnen können für ein Projekt der Stadt, das ist nicht automatisch positiv konnotiert. Da entstehen Risiken, auch die von Imageschäden.«

Es steht bei uns eben nicht die Mannheim-Arena, sondern die SAP-Arena. »Dann springen Investoren ab, das wird natürlich negativ angelastet. Wenn es gut läuft, haben Sie Glück gehabt, wenn es schlecht läuft, sind Sie schuld. Das andere ist das Tempo von Gestaltung, das Zeitfenster der Konversion. Einerseits ist da die Suche nach Investitionsmöglichkeiten. Andererseits ein Momentum, wo es dann zu schnell geht. Man kann aber nicht Toter Mann spielen. Als Politiker können Sie sich auch als Getriebenen darstellen und sagen: ›Ich kann auch nichts dafür. Ich weiß auch nicht genau, was da kommt, halte aber zu euch.‹ Dann stünden Sie auf der sicheren Seite. Das ist aber nicht meine Haltung.«

Wie viel stärker ist hier in Mannheim die »Aufregerkultur« als andernorts? Anscheinend wird die Konversion mit allen Aufs und Abs als Belastung empfunden: Gott, schun widder was Neies! »Das ist für mich aber auch eher eine Überraschung. Die Lust, etwas zu bewegen, ist in Teilen etwas abhanden gekommen. Die Aufregerkultur, wie Sie es nennen, ist dagegen etwas deutlicher geworden. Hilfreicher, als diese Aufregerkultur zu vermeiden, wäre, etwas Positives dagegenzusetzen. Das wäre für die psychische Verfasstheit einer Stadtgesellschaft wichtig, daran muss man arbeiten, dass sich die positive Seite mehr Gehör verschafft.«

***Nicht* gestellte Fragen, die vielleicht doch irgendwo interessant gewesen wären.**

- Welchen Kurfürst fanden Sie am geilsten?
- Wo kaufen Sie Ihre Unter-, Mittel- und Oberwäsche?
- Wie viele Quadratmeter Büro bewohnen Sie?
- Vorne raus?
- Haben Sie schon einen Nachfolger bestimmt?
- Sollten wir nicht Tullas Flussbegradigung überwinden und den Rhein wieder ganz natürlich die Stadt ersäufen lassen?
- Was machen Sie privat nach diesem Interview und mit wem?

- Sollen wir jetzt Karthago zerstören und Ludwigshafen gleich mit?
- Oder sollen wir Ludwigshafen zerstören und Karthago ganz da rauslassen?
- Dichten Sie heimlich unter der Bettdecke uff monnemerisch?
- Sollten wir versuchen, die Vogelstang den Viernheimern zu »schenken«?
- Kann man Rhein und Neckar zusammenlegen, irgendwie?
- Haben Sie's überhaupt versucht?

Wenn man Berlinern sagt, dass irgendwo städtische freie Flächen entstehen, melden sich tausend Initiativen und wollen irgendwelche Biokräutergärten oder soziale Begegnungsstätten einrichten. In Mannheim scheint eher ein Angstgefühl vor den frei werdenden Flächen vorzuherrschen. »Am Anfang ist es gelungen, das auch zu nutzen, den Leuten zu sagen: Lasst mal eure Ideen raus. Die Reaktion war: ›Das ist ja alles Spielerei!‹ Die Angst herrschte doch vor.«

Wenn wir vom Rathaus aus auf den Wasserturm schauen: Dort am Friedrichsplatz hat man die Gestaltung von vor hundert Jahren reproduziert – weil die Bürger es so wollten. Es gibt einen Teil dieser Generation, die größte Angst hat, die Veränderung des gewohnten Bildes auszuhalten. »Ich hatte auch schon mal mit jemandem das Gespräch, dem ich sagte: Ich kann Sie verstehen, aber ich kann Ihnen die Angst nicht nehmen. Da ist eben ein großes neues Gebäude. Dann schlug ich ihm vor, dass wir nicht auf die Einweihung warten, sondern uns für ein Jahr später verabreden und dann noch einmal darüber reden.«

Haben Sie mal mit ihren Amtskollegen aus anderen Städten über dieses Phänomen gesprochen, ist es dort auch so? »Es ist sehr schwer, einen Vergleich zu ziehen, wenn man es nicht wissenschaftlich angeht. Subjektiv findet jeder, es sei in seiner Stadt genauso.«

Wann ist es an der Zeit, das Thema Stadtfusion mit Ludwigshafen anzugehen? »Wenn die Bundesländer neu gegliedert werden. Das Thema scheitert an der Landesgrenze. Man soll ja niemals nie sagen; noch ein dreiviertel Jahr vor dem Mauerfall war ich sicher, die stünde ewig. Da gibt's eine hochkomplexe staatsvertragliche Regelung. Eine Stadt, die zwei Bundesländern angehört, kann man sich nicht vorstellen.«

Von Mannheim aus würde man sagen: Die Mainzer sind schuld. Von Ludwigshafen aus hieße es: Die Stuttgarter sind schuld. Man könnte Müllgebühren und Verwaltungskosten sparen. »Im Verkehr machen wir das ja. Im administrativen Bereich wäre das enorm. Aber man müsste eben ganz andere politische Kulturen zusammenführen. Städte entwickeln einen eigenen Charakter, wie Menschen auch. Das Selbstverständnis ist anders. Es würde in Mannheim und Ludwigshafen wahrscheinlich Jahrzehnte dauern, bis daraus eine Einheit würde. Das ist ja schon bei manchen Vororten so, die sich von der Innenstadt distanzieren.«

Feudenheim ist älter als Mannheim ... »... und Sandhofen ist älter als Mannheim. Die Denkweise ist: Wir sind damals eingemeindet worden. Wenn man von Mannheim redet, dann unter Ausschluss der eigenen Identität. Man fühlt sich von Mannheim übernommen. Das ist ein Erkenntnisprozess, gewachsen in meiner ersten Amtszeit. Natürlich halte ich es für nicht sehr sinnvoll, das zu pflegen. Es gibt ja den berühmten Satz von meinem Vorvorvorvorgänger Reschke, Mannheim sei eine Stadt der Vororte. Ich fand diesen Satz immer problematisch, denn er besagt, dass die Stadtidentität nicht stark genug ist. Das ist mir bewusst geworden, als ein Kriminologe zum Sicherheitsgefühl in Mannheim eine Untersuchung angestellt hat. Eines seiner Ergebnisse war: Jeder Stadtteil sagt über den anderen Stadtteil, er sei unsicher.«

Immer wenn ich in den Metropolen nach Mannheim als Popstadt gefragt habe, kamen – außer der Nennung der Söhne Mannheims – erstaunte Gesichter. »Das habe ich so noch nie gehört! Mittlerweile wird ja schon von der Mannheimer Mafia geredet, wo Absolventen Netzwerke bilden. Diverse Popakademie-Absolventen haben sich mittlerweile als Produzenten und Manager einen Namen gemacht. Das läuft auch international sehr gut. Als wir die Popakademie gründeten, kam die Sendung Aspekte und fragte nach dem Warum. Und ich sagte: Wenn es in zehn Jahren nicht mehr heißt, Mannheim, das sind doch die mit der schlechten Luft, sondern die mit der Popmusik – dann hat die ganze Stadt was davon.‹ Wenn man Sie fragt: Wie sind die Taxifahrer in der Stadt XY, dann können Sie diese Frage nicht beantworten. Selbst wenn Sie mehrere Erlebnisse haben, ist das nicht statistisch valide.«

Für manche Kleckerkram, für andere Riesensauerei im Mannheimer Rathaus

In Ihrer Biografie steht, dass Sie Journalist werden wollten, aber sich dagegen entschieden haben. Warum? »Ich habe gemerkt, dass ich da dauerhaft nicht meine größten Talente sehe. Mit 19 dachte ich, jetzt studiere ich erst Mal was, was mir Zeit lässt für eine Entscheidung, und habe mich damals für Jura entschieden. Das Thema Recherche ist nicht so problematisch, mehr das Schreiben an sich, obwohl ich in der Schülerzeitung aktiv war. Mein Talent war eher nicht groß ge-

ERST SCHULGEH DANN RECHTSCHREIB (Parkhaus N6)

nug, um zu sagen, das ist mein Weg. Die zweite Leidenschaft wäre der Film gewesen, aber als Jurist hatte man doch mehr Möglichkeiten.«

Was zu beweisen war! Ist der lange Atem von Kurz zu breit angelegt, hat er die notwendige Tiefe, ist da gar Platz nach oben? Ein Autor muss ja politisch neutral bleiben, auch wenn einer selbstkritisch ist, reflektiert, agil, seine Grenzen kennt, Stolperfallen ausweicht und Leidenschaft verrät. Dieser Stadt sind schon schlimmere Dinge widerfahren als PK.

OSTPOL MANNHEIMS

Kolumbus und seine Spießgesellen haben uns nicht überliefert, weshalb sie bei ihrem kugeligen Erdmodell Nord- und Südpol eingebaut, jedoch nonchalant auf Ostpol und Westpol verzichtet haben. Nur weil Amerika noch nicht entdeckt war?

Die Alte Friedrichsfelder Landstraße zeichnet sich durch eine großzügige Auslassung von Straßenschildern aus. Der Trick ist, von Süden kommend, einfach weiterzufahren, bis man keine Lust mehr hat. Man kann nur nach rechts oder links, man folgt den Schildern rechts, nach wenigen hundert Metern geht es an der Ampel links. Nun braucht es den Mut, sofort links abzubiegen, an den P+R-Schildern vorbei, dann halte man sich rechts, es sei denn, man will spontan den Acker pflügen. Keine Sorge, auch hier findet sich noch Asphalt unter den Rädern. Laut Google Maps nennt sich der zweite Weg links »In den Milben«, und es fallen einem sofort ängstliche Bauern auf ihren verwanzten Futons ein, im Rennen mit der tollkühnen Hexe in ihrem fliegenden Bett.

Erst der dritte Weg links führt zu Jimmy und seinem alten Regenbogen. Vorbei an einem Bauernhaus, das bewohnt zu sein scheint, ohne dass ein Mensch zu sehen ist. Das Szenario löst meine uralte Panik vor nicht angeleinten Schäferhunden und ähnlichen Monstren aus. Doch unbeirrt fahren wir die feldwegähnliche Straße entlang, bis die Bahngleise uns das Ende der Welt signalisieren. Und man muss es betonen. Wir erreichen das Ende der Welt von der *anderen Seite*. Diese Seite nennt sich »Edingen-Neckarhausen«, doch mit deren tatsächlicher Existenz müssen sich wackere Erforscher des Übernatürlichen befassen.

Im Osten Mannheims liegt ein wenig Müll, den man aus dem Zug geworfen hat. Am Feldrand wachsen einige Sträucher und Bäumchen. Wir wollen darauf achten, nicht die bangen Lokführer der Regionalbahnen von Mannheim-Friedrichsfeld nach Ladenburg zu verschrecken. Man könnte hier ein Schild aufstellen, Touristen und Erforscher wilder Kulturen aus aller Welt anlocken, einen dicken Rubel kassieren. Doch, ach, lasst den Pöbel doch den Heidelbergern. Die freuen sich sogar noch darüber.

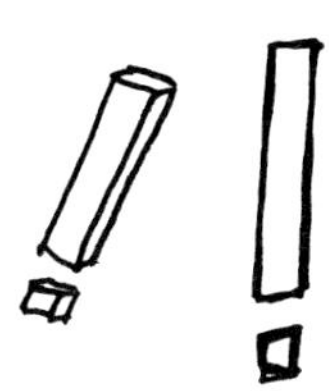

POPAKADEMIE – KASPERLE-THEATER

»You can't do that on stage anymore« – Frank Zappa

Draußen im Jungbusch ist es gräßlich kalt, zum Rauchen geht man trotzdem raus – solche Regeln bricht hier keiner! Wer ist Elternteil, wer ist Prüfer, wer Anwohner? Die große Mehrheit sind Studierende oder auch Ehemalige. An der Rückwand neben dem Eingang stehen vier Prüferstühle auf einem Podest. Im Foyer werden nur Flaschengetränke aus einem Kühlschrank verkauft. Heute treten zehn Bands auf, morgen noch einmal 14. Ein Mordsprogramm!

Auffallend: Die handgemachten Visuals zur Untermalung der Musik. Der Eintritt ist natürlich frei. Oha, da rauchen ein paar Illegale auf der Treppe Richtung Toilette. 150 Besucher versammeln sich insgesamt zur heutigen Prüfung. Xavier ist nicht da. Der OB auch nicht.

Es herrscht nervöse Schulatmosphäre. Besteht jemand, wird schon mal gekiekst, Aufgeregtheit ja, aber eben fühlbar anders als bei einem regulären Konzert. Es gibt keine »Fans«. Gleich nebenan liegen Studentenwerk und Wohnungen. Die lange Zeit zwischendurch verbringen wir in der Highlight-Gastro im Musikpark namens »Die Küche«: relaxte Stimmung, viel Raum zwischen den Tischen, originelle Karte, moderate Preise, Ausblick auf den Hafen. Nach einem kleinen Happen inspizieren wir – wieder im Erdgeschoss neben dem Konzertsaal – die Umgebung. In den Treppenhäusern werden Funktionen der Studis an die Wand gehängt. Wie weit ist Popunterricht entfernt von Castingshows? Sind im Publikum Booker? Agenten? Scouts?

Wenn jemand sein Projekt »Kasperles entzückendes Trullala Bum-Bum« nennt, hat er entweder etwas zu sagen, hat vielleicht eine Meise, oder sieht einem glorreichen Scheitern tapfer ins Auge. Andere Bands an diesem Abend heißen: Megasm, Pleasant Pages, Lotta, Trio Rotation.

Bissige Akkorde, kaltes Blut, heißer Scheiß

Von der Bühne tönt harter, aber moderner Art-Rock. Rocktheater, das an studentische Kapriolen der frühen Genesis erinnert, ein Etwas, das weder sich noch den Zuschauer ernst nimmt, sondern ganz nett und auch brutal die Bühne-Publikum-Schere thematisiert. Ulrich Hartmann selbst spielt Schlagzeug und Melodica, Flügelhorn, Saxofon und Klarinette. Die Songs an diesem Abend heißen: Fanfare Zauberer Kasperle Wachtmeister.

Seid Ihr eine Band oder ein Projekt fürs Studium? »Das war jetzt ein Projekt. Ich hatte im Oktober die Idee und hab das aus dem Boden gestampft für meinen Masterabschluss im Sommer. Die Reaktionen auf unseren Gig waren insgesamt sehr positiv. Udo Dahmen als Chef war hin und weg von Kostüm und Umsetzung. Auch die Tontechniker waren sehr erfreut, dass sie mal mit einem Lächeln nach Hause gehen können. Von den Visuals wusste ich selber auch nix. Das muss sehr gut gepasst haben. Ich hab *alles* selber gemacht. Die Entwürfe der Kostüme waren von mir. Ich habe die Musik geschrieben und arrangiert. Manche Fetzen sind in der Probe entstanden. Die Bläser sind halt auch gute Jazzer. Das Gerüst und Vorgaben aber waren von mir.«

Ulrich Hartmann weiß nicht einmal, ob die Leistung im eigentlichen Sinn benotet wird. In den letzten Jahren hat er nie danach geschaut. Der Master-Abschluss dauert zwei Jahre, er hat aber bereits zwei Urlaubssemester eingeschoben. Seine Eltern saßen heute im Publikum, außerdem andere Studierende, Freunde, Dozenten, Fremde, Kulturinteressierte, Nerds. Nicht zu vergessen Hobbymusiker, die kritisch gucken. »Es ist nicht wie im normalen Konzert. Eher wie im Popmuseum«, schmunzelt der Student. »Da kommt bestimmt auch das Bedürfnis her, so ein Kasperleding zu machen. Da gibt's Bands, die rufen ins Publikum: ›Jetzt kommt alle mal nach vorne‹!«

Ulrich Hartmann stammt aus Mainz, erfuhr von der Popakademie schon 2005, in deren Gründungsjahr. Damals dachte er, er würde selbst irgendwann Dozent werden und Workshops anbieten. Seinen Bachelor machte er an der Musikhochschule, einen Master-Studiengang gab es an der Popakademie noch nicht. Die Lehrinhalte entstammen der Praxis, dementsprechend »wertvoll ist der reale Eindruck der Popwelt, ob man die nun mag oder nicht«. Nicht zuletzt vermitteln Gastdozenten etwas von dieser Realität. An die erzwungene Selbständigkeit musste er sich gewöhnen. Natürlich lobt er Udo Dahmen, der auch erfolgreiche, namhafte Dozenten anlockt. Aber seine stellenweise kritische Haltung zur Struktur vor Ort machte es ihm nicht leicht, er verspürte Gegenwind. Plötzlich stand er mit seiner Kasperle-Idee ganz alleine da. »Man hat in solchen Institutionen Rudelführer. Wo bestimmte Leute sich durchsetzen und denen dann nachgeeifert wird. Das müssten die Dozenten mehr aufbrechen.« Ihm ist bewusst, dass die Zuschauer in der Hafenstraße in Mannheim-Jungbusch nicht gleichzusetzen sind mit dem allgemeinen Musikpublikum. »Du hast da draußen eine ganze Nation vor dir, sozusagen die Welt. Da werden Sachen auch abgetötet.«

Noch hat er keine Marktanalyse betrieben, was sein Band-Projekt angeht, und empfindet gerade das als befreiend. Nur so kann er ungefiltert rauslassen, wie ihm der Popstudiumskosmos erscheint. Jahrelang hat er Helge Schneider gehört, sich durchaus beeinflussen lassen im Nicht-Ernst-Nehmen, paart dies aber ebenso wie Schneider mit gekonntem Handwerk. Freilich ist ihm bewusst, dass eine halbe Stunde Songmaterial noch kein abendfüllendes Programm sind.

Paradox ist, wenn echte Highlights außerhalb der allgemeinen Öffentlichkeit stattfinden. Wenn klar abgegrenzte Regelräume Widerstand zulassen, dieser Widerstand aber nicht wirklich nach außen dringt. Wann entsprang zuletzt ein Pop- oder Rockmusiker der Mannheimer Akademie, der in der Öffentlichkeit provozierte, aneckte, und sei es durch außergewöhnliche Musik? »Pophauptstadt Mannheim.« Wie nennt man es gleich noch mal, wenn ein Patient etwas wahrnimmt, was gar nicht da ist? Ach ja, genau … Halluzination. Aber! Die Wahrheit steht mal wieder im etwas kleiner Gedruckten. Dieses Ding heißt nämlich mit ganzem Namen in aller Beamtigkeit: »Hochschuleinrichtung für Musikwirtschaft, Kreativwirtschaft und Populäre Musik«. Und da fällt doch auf, dass das Wort »Wirtschaft« gleich zweimal auftaucht.

QUADRATESPAZIERGANG

Wer Mannheim vom Stadtplan oder Reiseführer her kennenlernt, wird sich in aller Regel dafür entscheiden, mit dem Hauptstrom die Rennstrecken entlang zu pilgern: Kunststraße, Planken, Fressgasse, Breite Straße. Kann man machen, muss man nicht machen. Wer London erkunden will, indem er sich nur in Soho aufhält, über Soho redet, Soho fotografiert, kennt Soho. Aber nicht London. Und jetzt ist es passiert. Der Autor hat, davongetragen vom Rausch des Rechtecks, Mannheim mit London verglichen. Ein unglaublicher Fauxpas der Metropole der Kurpfalz gegenüber, die sonst nur die New Yorks, Rios und Tokios dieser Welt neben sich duldet. Ich möchte mich in aller Form dafür entschuldigen. Puh!

Ich suche mir einen echten Kenner, und wir starten unseren willkürlich zufällig, aber gezielt kreativen Rundgang ohne Ziel, außer dem, zu gucken, ob die Quadrate etwas anderes zu bieten haben als same old cheese. Gregor ist Unternehmensberater, kennt das Städtchen schon seit Studienzeiten, hat mit allerlei Firmen gearbeitet und weiß, wo der Bartel den Monnemer Most holt. S6, T6, T5, T4, T3, S2, S1, I1, I2, I3, I4, H5, H6, H7

In S6 starten wir und stehen in »Martha & Lotte«, einem Hundewellness-Tempel, wo wir, wenn auch ohne Struppi, willkommen sind. Wer waren die beiden, Martha und Lotte? Von der überaus netten, sich einen perfekt normalen Anschein gebenden Verkäuferin erfahren wir, dass es sich um zwei Dalmatiner handelt, die aber nicht verwandt und verschwägert sind mit dem Fusselwuffi, der sich vor uns hinterm Tresen versteckt. Man könnte die Frage stellen, ob es lebensmittelrechtlich in einer High-End-Tiernahrungshandlung okay ist, wenn da ein (lebender) Hund eo ipso Authentizität und Kundennähe verströmend, gleichwohl hygienemäßig im Huiuiui-Bereich unterwegs ist.

S6, ein Quadrat ohne Glascontainer ist wie ein Fahrrad ohne Fischstäbchen

Die Verkäuferin klagt sanft, die schicke Einrichtung könnte auch eine Bürde sein, lobpreist aber die Lage als »super«. Seit 2009 residiert sie dort und ist mindestens am Leben. Anfangs war noch ein Café angegliedert, »aber dann kamen die Leute mit ihrem Hund rein, tranken einen Kaffee und gingen wieder«. Kartoffeln und Speck – das essen Menschen doch auch, oder? Ich probiere selber die »Kekse für Arbeit«, von Autisten gebacken, karitativ, das Produkt heißt präzise »Fritz – gutbürgerliche Hundeküchlein«. Schön, dass neben dem Sponsor Engelhorn ein roter Stern prangt, der verkündet »Rivoluzione del pane«. Wow! Meine rasch improvisierte Lüge, wir wollten die Wirtschaft in den Quadraten stärken, kauft mir die Verkäuferin dankbar ab und präsentiert Leinen, Halsbänder und Krams. Vor allem: Sie seien vielfach billiger als die gleiche Ware in großen Tierzubehörketten. Genug Viehkram, hinaus zu den Menschen.

Schräg gegenüber der erste Dämpfer: Die »Henninger Gutsschänke« (T6) hat am Montag geschlossen. Und wir hatten uns extra noch einen Wochentag ausgesucht, an dem möglichst viel geöffnet hat. Wir wollten uns treiben lassen, aber beim geringsten Anzeichen von Regen ohne Zögern umgehend die nächste Gastronomie – zu kulturwissenschaftlich-soziologischen Forschungszwecken – oogugge. Offen gesagt, ist das Wetter kühl, aber annehmbar. Erst ab dem Reiss-Museum sollte Nieselregen einsetzen, woraufhin der Spaß begann davonzuflöten.

Hier könnte Ihre Playmobil-Pirateninsel stehen

Im geschlossenen Integrationsverein begrüßen uns Menschen auf dem Balkon darüber. Aber in den Hof schielen darf man doch mal, oder? Wir sind kurz davor, Wetten abzuschließen, ob es Linke oder Rechte sind. Aha, da. Ein Minischild. Die Inschrift sagt: Menschenrecht statt rechte Menschen. Hmmm, werden wohl Linke sein.

Während hier emsig integriert wird, desintegriert sich auf der Straßenseite gegenüber ein Mann gerade. Offener Kofferraum, Umzugskartons. Gregor sagt: Zeit für W-Fragen. Wer sind Sie, warum machen Sie das, wohin geht's, welche Haribo-Sorte bevorzugen Sie? Der Mittdreißiger ist Personaler bei einem größeren Unternehmen und zeigt sich, vorsichtig formuliert, emotional angespannt. »Ich zahle ja gerne Steuern, aber schauen Sie sich das mal an!« Gesagt, getan. Ich blicke die Straße weiter Richtung City und entdecke sofort, Häuser, Bäume, Autos, Menschen und Straßen. Wow, waren die die ganze Zeit schon da? »Im Ernst, ich weiß nicht, was Sie meinen ...« Der Mann sieht mich an, dann die Straße, um sich zu vergewissern, dass *es* noch da ist. »Ich zahle ja gerne Steuern, aber jetzt schauen Sie sich zum Beispiel mal den Straßenbelag an. Der ist so, seit ich hier wohne!« Ich werde wohl nie erfahren, welche Haribo-Sorte der Mann in Hamburg suchen werden muss.

Der nächste Zufall aus dem Universum ist das Büro der Mannheimer Linken, und nicht irgendeines, sondern das eines leibhaftigen MdB, eines Mitglieds des Deutschen Bundestags. Er heißt Michael Schlecht. Selbst mein halb-allwissender Begleiter Gregor nickt anerkennend: »Wusste gar nicht, dass da einer aus Mannheim kommt! Und hier, guck mal, der ist wirtschaftspolitischer Sprecher!« Zufällig ist er aber gerade nicht inhouse, also müssen wir uns auch nicht das Hirn zergrübeln, womit sich der Mann den ganzen Tag lang befasst.

Eine Ecke weiter stoßen wir auf eine auffällige Kunsthandlung, die »Ten Gallery« (T6). Die wird vom Club »Speicher 7« unterstützt, dafür unterstützt die Ten Gallery »lokale Künstler«, wie es so schön heißt. Diese Phrase vom »unterstützen«

Aufreger Nr. 387 – Fer so en Dregg hawwe se Geld!

macht mich immer hellhörig. Sind die Leute aus der Region nicht direkter und einfacher und billiger zu haben als Nonkonformisten aus Burkina Faso? Auf jeden Fall ist der Fotograf, der dort ausstellt, nicht jener Steffen Diemer, mit dem ich in der Kindheit gebolzt habe, sondern stammt laut Website von einer »suburb of Grünstadt«. Sachen gibt's.

Wir schlurfen gen Marktplatz und betreten eine nontürkische Ethnoecke der City und staunen im Zwei-Kontinente-Laden über zum Beispiel Butter Ghee. »Die besteht zu 99,8 Prozent aus Butter«, erläutert der Inhaber des Shops. Unterschied zu Butter? »Butter Ghee ist gelb, nicht körnig und wird vor allem nicht ranzig.« Den Afroteil des Ladens rechtfertigt eine Ghana-förmige Wanduhr über der Tür. Seltsam, obwohl die Uhrzeit in jedem Fernseher, in jedem Telefon und PC mehrfach drinsteckt, hängen sich Menschen Ghana-förmige Uhren an die Wand.

Wir beschließen, dass es jetzt regnet und betreten gut gelaunt das »Gluckerstübl« (S1), wo man ohne Fassbier leben muss. Ein paar Raucher, einige Spielautomaten, Fastnachtsdeko mit den aus Plastik gestanzten Clownsfiguren, die lustig sein sollen, aber noch nie hab ich jemanden über diese Figuren lachen sehen. Vielleicht macht man das ja heimlich. Reden tut nur das Radio. Das Gluckerstübl vereinigt auf Facebook drei »Gefällt-mir«-Fans, und alle drei Gefällt-mir-Fans sind heute wohl hier.

Über eine große Kurve am ZI (I5) vorbei und an einer eher stillen Gentrifizierungsnische entlang erreichen wir einen Musik-Kiosk in B5. Gregor fragt mich, warum ich Gagey Mrozeck nicht kenne. Ich dröhne, dass die lokale Musikszene mir zu viel covert. »Ach ja, kennst du Grönemeyer?« Der Music Shop gehört einer sehr stillen Prominenz. Oder kennen Sie Gagey Mrozeck, den langjährigen und wohl wichtigsten Gitarristen der Herbert Grönemeyer Band? An der Tür steht seine italienische Handynummer, die Bäckerei nebenan nimmt Pakete für ihn entgegen.

Ich muss jetzt irgendwelche Teilchen kaufen. Die Leere der Regale riecht nach Auswandern oder Flucht, aber die Verkäuferin hat einfach schon eingepackt, holt uns zuliebe aber gerne die Sachen wieder raus. »Ich hätte gerne das da.« »Wollen Sie es eingepackt?«, fragt sie mit einem skeptisch-mitleidigen Blick. »Eingepackt. Und ... ist Ihr Nachbar da?« »Keine Ahnung. Manchmal ist er da, manchmal ist er nicht da.« Ich bezahle und murmele zu Gregor: »Was macht ein Rockmillionär, wenn er gerade nicht in seinem Instrumentenladen steht?« »Kannst ihn gleich selber fragen«, raunt Gregor und nickt in Richtung eines gesunden Sechzigers, der aus der Haustür kommt und sein Fahrrad besteigt. »Gagey?« »Ja? Andermal, ich muss los. Ruf mich an.«

Eine Ecke weiter betrauern wir die live sterbenden Pflanzen im Fenster des Hauptzollamts und sehen uns angesichts des trister und feuchter werdenden Wetters bemüßigt zu spekulieren, dass es für eine bestimmte Sorte von Ämtern zweifellos spezialisierte Ausstatter gibt, mit geschmacklosen Monatskalendern und Grünpflanzen. Ich erinnere mich, schon bei der letzten Buchrecherche versucht zu haben herauszufinden, *warum* dort »Mehr Licht« steht, für *wen* dort »Mehr Licht« steht, und wieso die Sonnenuhr mit der Inschrift so *hoch* angebracht ist. Und bin weiterhin nicht schlau. Zuschriften bitte an den Verlag.

Eine Wirtschaftsschule schmückt sich mit dem angeblichen Sterbewort Goethes? Eklig! Eine Kunstakademie würde ja auch nicht den letzten Rülpser von Ludwig Erhard zum Firmament recken.

A propos Verwirrung: Sollten Sie doch einmal von Auswärtigen nach dem gefragt werden, was diese von Google-Maps erzählt bekommen, dürfen Sie getrost prahlen: Selbst Google kommt kein bisschen zurecht mit der Logik des Straßennamensverlaufs um den Häuserblock herum. Für Google verläuft eben eine Straße mehr oder minder geradeaus, macht aber nicht drei Rechts- oder Linksknicke. Aber wenn die Welt logisch wäre, wäre Ludwigshafen Sumpfgebiet.

Was gibt es eigentlich bei Textil Weyer (N3)? Die türkisfarbene Firmenwerbung ist aus der Zeit gefallen. Wir eruieren, dass es sich mitten in der City, einen Katzensprung von der Fußgängerzone entfernt, ein Textilgroßhändler gemütlich gemacht hat. Unvorbereitet trifft uns eine christliche Bücherei, Gregor beruhigt mich, sie sei schon lange da. Und direkt daneben gibt es Eishockeyzubehör. Ehemals an der genau richtigen Stelle, nahe dem Friedrichspark, heute an einem sonderbaren Ort. Man sieht ja niemanden auf der Schlosswiese mit Schlittschuhen »Icing« brüllen. Auf der Rückseite des Reiss-Museums hat das Café geschlossen. Gregor ist nicht richtig begeistert. Der Regen wird stärker, die Aufnahmefähigkeit wird schwächer. Was von unserem Tage übrigblieb? Wenn Sie spontan das Tageslicht-Underground-Mannheim erkunden, kann es passieren, dass das gastronomische Highlight »Gluckerstübl« heißt. Mannheim fordert Toleranz und Flexibilität. »Gregor«, nuschele ich abschließend, »wieso saßen da so viele Türken? Das war doch ne stinknormale Mannemer Beiz«. »Du hast keine Ahnung. Das waren eindeutig Kurden. Keiner redet. Und alle tragen Öcalanbärte.«

RHEINNECKARBLOG

Einen rasenden Reporter zu beschreiben, ohne rasend zu schreiben, während er mich in sein Cabrio einlädt und zu sich nach Hause rast, ist ein Ding der Unmöglichkeit. Ich steige am Wasserturm zu, halblegal vorm Parkhotel, aber ganz schnell.

»Hallo, Hardy Prothmann!« Ich vertue die einzige Chance, Hardy eine Frage zu stellen. Welch ein Anfängerfehler. »Hallo, steig ein, wir stehen hier komisch. Neeenee, Zeitdruck haben wir keinen, ich habe heute allen freigegeben. Die Redakteurin ist am Freitag wieder da, wegen der Fastnachtswoche. Weißt du, der Rheinneckarblog ist aktuell, aber ich mache nicht alle Themen. Das unterscheidet uns schon mal von allen anderen. Am Anfang habe ich noch versucht, schneller als der Rest zu sein. Da bin ich ganz schnell in der Nachrichtenfalle gelandet. Besser man findet seinen Weg spät, aber es ist ein guter Weg. Ich wollte nie ein Nachrichtenjournal machen – ich liebe Geschichten. Die längere Erzählform ist mir deshalb auch lieber. Für den Mannheimer Morgen und Co würde ich nicht arbeiten, weil mir die Ausrichtung nicht gefällt. Der Mannheimer Morgen ist eine der schlechtesten Tageszeitungen überhaupt.

Du darfst alles schreiben, was ich sage. Ist dir eigentlich aufgefallen, dass der OB-Kandidat der Mannheimer Liste vor uns fährt? Ich war bei SWR Landespolitik, 1994 waren die Themen Politik und Internet. Dann beim BR-Hörfunk. In der Zeit bis 1996 habe ich viele tolle Journalisten kennengelernt, ganz anders als im Volontariat oder Studium. Anfang 1995 habe ich für die ZEIT über die Moschee geschrieben, dann ging's los. Bis 2007 habe ich Medienjournalismus betrieben, Thema war der digitale Wandel. Dann habe ich ein Porträt über Nikolaus Brender gemacht …«

Wir kommen in seinem Redaktionsraum an, steigen aus, vergessen nichts, gehen rein, Treppe hoch, Hardy setzt Kaffee auf, öffnet die Fenster, zündet sich eine Kippe an, denn wegen den Hardy Prothmanns dieser Welt sind Kippen erfunden worden. Natürlich ist er eitel, inszeniert sich, klebt sich »Alphavieh« auf die Stirn und macht das, was er kann, und er weiß, was er kann. Deswegen macht er es ja.

rauchenkaffeeredenrauchenkaffeeredenrauchenkaffeereden-rauchenkaffeeredenrauchenkaffee

91: Mit 25 als Journalist angefangen bei "Unireport" von der Uni Mannheim, dann im Mannheimer Morgen die Feudenheimer Umgehung, damals Riesenaufreger, habe häufig Aufregerthemen gemacht, wobei ich den ruhigen erzählenden Journalismus am liebsten mag.

94 war es Glück, vielleicht systematischer Zufall? Du wirst ja irgendwann weitergereicht. Meine Leute heute können alles von mir lernen: offen sein, sich mit anderen auseinandersetzen.

Ab 95 überregional gearbeitet, Bauchladen gehabt.

96 wechselte bei der ZEIT die Ressortleitung, ich war draußen. Dann 3 Jahre für Die Woche geschrieben, super bezahlt, gute redaktionelle Betreuung; echter Austausch mit der Redaktion.

Ab 97 war ich Redakteur der Medienzeitschrift CUT für Radio +TV-Macher; journalistischer und technischer Teil, Digitalisierung großes Thema.

04: war Punkt: Ich mach's nicht weiter, hatte mehr oder minder alles geschrieben oder vorausgesagt. Ich hab' schon 2000 das mit den Zeitungen kommen sehen, dass das immer schwieriger werden würde.

Lokaljournalismus kam nicht mehr in Frage: kein Geld für ein anständiges Leben zu verdienen – Hab' außer für die taz nicht mehr für Print-Medien gearbeitet mit mindestens 1,20 Zeilensatz.

Habe 2004 ne Auszeit genommen, bin nach Thailand geflogen, wäre wahrscheinlich fast eingeschlafen, war zum Segeln verabredet, habe den Tsunami auf einem Boot erlebt, der ist unter uns durch. Wussten es 2 Stunden vorher, dass er kommt. Dass er nicht vorhersehbar war, war 'ne Lüge – schlecht recherchiert.

Nachmittags an Land. Khao Lak, wo die Welle am härtesten war. Habe in 4 Stunden 600 Leichen gezählt und hochgerechnet. Habe berichtet: 7.000 Tote. Inoffiziell waren es etwa 10.000, weil die Thais nicht mitgezählt wurden.

Verstehst du, ich fahre weit weg, um nachzudenken, ob ich diesen Journalismus machen will. Beim Spiegel-Titel 1/2005 war ich Mitautor, mit Klaus Brinkbäumer, jetzt Chefredakteur. Eine Woche später hatte ich eine Titel-story im Focus - wenn mir das einer vorher gesagt hätte. Ich war einer der besten Leute vor Ort. Damals hab' ich überlegt, wie gut ich das alles kann, ob ich kein Geschäft draus machen soll.

Ich bevorzuge ruhigen Journalismus. In Krisengebiete fahren …

(wiegt den Kopf)

Ich begebe mich nur in Gefahr, wenn ich sie einigermaßen kontrollieren kann.

Bin 05 nach Heddesheim gezogen, saß plötzlich aufm platten Land – Base war in Neckarau – ging auf einmal nicht mehr. Hab dann viel telefoniert, Internetrecherche ausm Büro heraus gemacht, hat mir nicht so gut gefallen. 2009 kam die Nachricht, dass in Heddesheim ein Logistikzentrum gebaut wird, wir wohnten an der Landesstraße, viel befahren. Ich dachte: Scheiße, noch mehr Verkehr.
Der MM schrieb: alle glücklich, Wirtschaft, Bürger, hurra!

rauchenkaffeeredenrauchenkaffeeredenrauchenkaffeeredenrauchenkaffeeredenrauchenkaffeeredenrauchenkaffee

rauchenkaffeeredenrauchenkaffeereden

Ich fing an zu recherchieren. Das einzig verfügbare Archiv war der MM. Hab' über die Firma Pfenning nur negative Stories gefunden, Betriebsrat zusammengeschlagen usw. Frage war: Wohin damit?

2008 haben mich die Schwiegereltern gefragt, ob ich die Wahl-Liste vollmache für den Gemeinderat für die FDP. Habe zugesagt, wenn ich nicht eintreten muss, Freier Kandidat, Listenplatz 11. Wer Kommunalpolitik kennt, weiß: chancenlos.
150 Stimmen wären Achtungserfolg gewesen. Der Ort war in heller Aufregung: Im Juni war Wahl. Ich komme ins Bürgerhaus, die sagen mir: ‚Hardy, du bist gewählt!' Sehe meinen Namen weit vor dem Fraktionsvorsitzenden. Habe Liste gewonnen, hatte 20 Prozent mehr als die beiden anderen. Habe dem Bürgermeister gesagt, dass ich nicht in der Fraktion bin. Bin nach Mannheim gezogen. 180 Zuschauer, als es um Pfenning ging. Bin zweimal rausgeflogen, bekam Ordnungsstrafen angedroht. Bürgermeister war irgendwann auf Kriegsfuß mit mir.

In der Gemeinderatssitzung war eine Gutachterin.
Bürgermeister sagte: »Was soll diese Inquisition?
Ab sofort fragen Sie mich!«
»Sie wollen mir den Mund verbieten? Das können
Sie nicht.«
»Doch, kann ich.«
»Sind Sie die Gemeinde?«
Keiner wollte 'ne Unterbrechung.
Das Hauptorgan lässt sich öffentlich vom BM
degradieren, selbst Grüne. Ich war fassungslos.
Daher: Heddesheimblog. Nach und nach Weinheimer Gemeinden aufgeschaltet, 2011 kam Rheinneckarblog dazu.
Dann Viernheim und Schwetzingen
13 Blogs mit vier Leuten, insgesamt acht bis zehn,
freie und Teilzeit, ein Fotograf, bringt sich ein,
Unternehmensberater.
Dann hab ich festgestellt, dass wir zu klein sind für so viele Blogs. Das Schwierigste ist, gute Leute zu finden.

Haben im Januar 2015 beschlossen, dass wir zentral im Mannheimblog laufen.

Mannheim ist von der Themenfülle ganz vorne. Heidelberg ist noch wenig. Die Leute in der Stadt sind heiß drauf, dass wir kommen. Interessant, weil Politprofis, MDB, MDL, OBs sehr an uns interessiert sind, weil die die analytische Tiefe und die Ernsthaftigkeit schätzen. Die vermissen das in anderen Medien.

Wo ist Humor?

Was ist Humor?

Dann musst du vielleicht ein paar mehr Texte lesen. Ich hab überhaupt nix gegen Humor.
Charlie Hebdo ist pure Provokation.
Humor. Interview mit Stephan Harbarth, Bundestags-Mitglied der CDU. Warum? Top-Nebenverdienstler, gleich nach Gauweiler.
Unser Humor ist eher zwischen den Zeilen. Wenn man ein Berufskomiker ist, fällt einem immer was ein, die haben aber ein hartes Leben.

Frage ist auch: Was für eine Form von Humor soll es denn sein? Eine schöne Geschichte mit einem tollen Foto, das den Menschen ein Lächeln bringt - daran habe ich viel Spaß.
Bin Vertreter des ernsten Fachs.
Finde, es wird genug gegackert.
Kucke gerne die Heute-Show.

Kann mit und gegen den Wind segeln. Gegen den Wind ist anspruchsvoller.

Shitstorm: Ich bin für die Leute insgesamt 'ne Zumutung, weil sie mich nicht kennen. Die Rede ist von der Zeit seit 2009. Und sechs Jahre sind nicht lang. Mannheim ist eine Stadt aus Dörfern. Da kommt einer, von dem haben die wenigsten was gehört. Er stellt Fragen, die haben sie nie gehört, schreibt entsprechende Artikel, mit Einordnung.

Wie oft habe ich »unverschämt« usw. gehört? Methoden, die beim Spiegel völlig normal sind. Habe Kohl, Schäuble interviewt: hab' mit denen intensive und gute Verhältnisse gehabt. Zwischen 91 und 2009 gab's keinen echten großen Stress.
Regeln waren bekannt, alle konnten damit umgehen.

Dann: Unterstützerliste Demo.
170 Gruppierungen, Anarchos,
Antifa usw. Habe gefragt: Linksradikale, die gewaltbejahend, bis gewaltbereit sind?

Dann ging es richtig los!
Meine Richtschnur: Grundgesetz, Rechtsstaat. Gibt keine Ausnahmen. Sonst: Bananenrepublik. Darf man Nazis mit Eiern bewerfen?

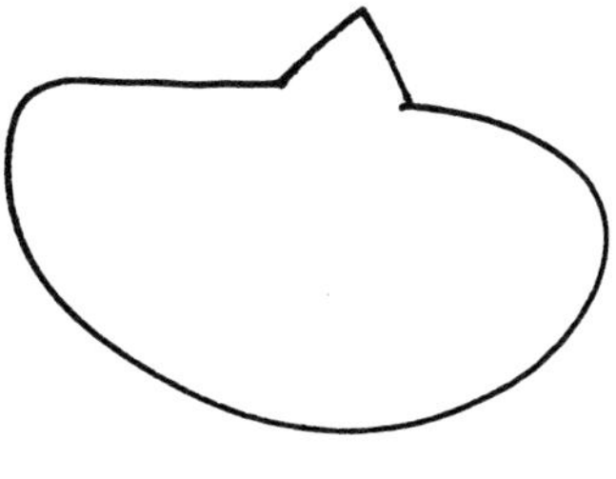

Meine Volontärin war auf einer Nazidemo, die aufgelöst wurde. Polizei ging gegen Dutzend Antifas vor, es wurde auch geknüppelt. "Brauchte Polizei 'nen Jagderfolg?" Lagenabwägung: hätte verzichten können. Verstoß, Ergebnis: Polizeidirektor hat seither keinen Einsatz mehr geleitet. Die setzen heute voll auf Deeskalation. Polizeipräsident Köber.

Ich habe schon '94 Widder als Märchenonkel bezeichnet.

rauchenkaffeeredenrauchenkaffeeredenrauchenkaffeereden-rauchenkaffeeredenrauchenkaffee

SAP-INDER

Was zwei Mann aus Indien an Mannheim Schönes findien. Ich lerne Suresh in einem Meinfernbus kennen, und dass das grammatikalischer Obermurks ist, ist nicht mein Meinfernbusfehler, sondern ein Meinfernbusfehler, für Deklinationsfetischisten: Meinesfernbussesfehler. Er ist morgens um 3 Uhr nach Düsseldorf gefahren, um sich dort mit einem Mann mit einer grandiosen Geschäftsidee zu treffen, einem Spieleerfinder. Aber erst wenn diese Spiele in der realen Welt erfolgreich sind, entwickelt er die Computerversion davon! Sie ahnen schon, nicht zuletzt weil es in der Überschrift steht: Suresh ist SAP-Programmierer.

Er bat mich, zum Interview seinen Freund, Kollegen und Mitbewohner mitbringen zu dürfen. Wir treffen uns im Café Binokel draußen, da die beiden jungen Männer an diesem Herbstsamstag gerade beim Shoppen sind: Suresh Kumar Yalla (S) und Vivekananthan Ramachandran (V)

Wieso habt ihr gerade Mannheim als Wohnort ausgewählt? V: »Ich war schon 2007 hier, 2012 auch, jeweils zum Arbeiten. Ich arbeite für SAP. Meine erste Information über die Stadt bekam ich im Taxi am Frankfurter Flughafen. Der Fahrer brachte mich zum Hotel, das die Firma ausgesucht hatte. Das war in D5 oder D6. Ich hatte für mein Smartphone keine SIM-Card, die hier funktionierte. Als ich also zum ersten Mal das Hotel verließ, bat ich um einen Stadtplan, und fragte an der Rezeption, was es zu sehen gibt. So etwas wie die Quadrate kannte ich nicht, das gibt es in Indien nicht.«

Verständlich. Aber wieso denn jetzt gerade Mannheim? V: »Ich war in den USA gewesen. Meinen BWL-Abschluss wollte ich aber in Europa machen. Da erfuhr ich von Mannheim und dachte, es wäre ein Vorort von Frankfurt. Ich komme aus

Chennai (ehemals Madras), das hat, na, so etwa 10 Millionen Einwohner. Ich habe 'ne Weile gebraucht, tatsächlich mehrere Tage, um zu merken, dass Mannheim nicht zu Frankfurt gehört.«

Kommst du mit dem Mannheimer Dialekt klar? V: »Na ja, ich bin seit letztem Jahr hier und habe probiert, überhaupt etwas Deutsch zu lernen.« (Er grinst mitleidheischend.)

Was war euer erster Eindruck von Mannheim? V: »Der erste Eindruck? Ich war vorher in vielen Städten, aber das hier war eigenartig. Es hat ein bisschen gedauert, mit den Leuten warm zu werden. Die Leute sind auch offen wie in den USA, bleiben aber ganz gerne unter sich. Man muss herausfinden, *wie* man die Leute hier anspricht.« S: »Ich war vorher nur in Indien, in keinem anderen Land. Mannheim ist vollkommen anders als indische Städte. Von hier aus habe ich dann andere Länder besucht. Aber andere Städte in Deutschland sehen genau so aus wie Mannheim. Einzigartig sind nur die Quadrate.«

Seid ihr auf irgendwelche Schwierigkeiten gestoßen? V: »Wir haben in Mannheim kein Haus gefunden, deswegen sind wir nach Ludwigshafen gezogen.«

Haus? V: »Haus oder Wohnung, das war uns egal, es war auf jeden Fall eine Geldfrage. Es war schwierig, wir haben uns sechs oder sieben Wohnungen angesehen. Das ist aber alles wie gesagt erst zwei Monate her.« S: »Vielleicht kannst du mir mal eine Frage beantworten. Warum ist es in Ludwigshafen so öde, und kaum kommt man über die Brücke nach Mannheim, ist alles quicklebendig?

Lost in Ludwigshafen

Ich zögere. In Programmiersprachen gesagt, versucht der Mann mich in eine Wenn/dann-Schleife zu locken. Aber ich komme nicht umhin zuzugeben, dass die Größe der Uni und das Alter der Stadt hier, und die Hyperdominanz der Chemiker dort eine große Rolle spielen dürften.

Was habt ihr euch in Mannheim angesehen? V: »Schloss, Wasserturm, Uni. Und wir waren in Neustadt und Karlsruhe, Schwetzingen auch.« S: »Nach drei Wochen gibt es wenig Neues zu sehen. Der Wasserturm und der Paradeplatz – das war's. Ich habe Leute gesehen, die sich einen Stadtführer holen und frage mich: Was erzählen die da? Da ist dieser Turm und sonst?«

Könnt ihr Tipps geben, wie man hier am besten startet? V: »Verbring nicht zu viel Zeit hier, vom Shopping abgesehen. Aber Mannheim ist ein guter Startpunkt. Ich mag vor allem Neustadt und Weinheim.« S: »Wenn man aus Indien kommt, will man durch Deutschland reisen, aber das hier alleine ist zu wenig.«

Nennt mal ein Beispiel für etwas, das es in Chennai gibt, aber in Mannheim nicht. Etwas, das euch vielleicht fehlt. S: »Wir haben den zweitgrößten Strand Indiens.« V: »Der Welt! Wir haben den zweitgrößten Strand der Welt.«

Sieh an, ein zweiter Platz, den Mannheim nicht innehat! Abschließend erkundige ich mich nach den indischen Restaurants in Mannheim. S: »In Mannheim gibt es drei. Und nur eines ist von Indern geführt.« V: (nickt) »Das in D2.«

Abschließend frage ich sie, was sie noch mögen. Das Eis von Fontanella. Das mögen sie beide.

MANNHEIM AUF DER COUCH III (MARTINA LÖW)

Eine Wissenschaftlerin von einer Technischen Universität, die den Begriff »Seele« benutzt? Warum nicht, Klappern gehört auch zum soziologischen Handwerk, sogar wenn es sich um das seltene, etwas exotische Untergebiet der Stadtsoziologie handelt.

Die Forscher suchten eine Stadt, die sich dafür hergab, sich untersuchen zu lassen, ob sie einen bestimmten Charakter hat, ob sie sich klar von anderen Städten unterscheidet, ja, tröten wir es ruhig hinaus, ob sie *einzigartig* ist. Und Mannheim reckte den Arm wie ein ehrgeiziger Schüler, schnipste mit den Fingern und quiekte begeistert: »Hier, hier, hier!« Das Forscherteam besuchte öffentliche Veranstaltungen, hing auf Marktplätzen rum, schaute den Bloomäulern auf ihre Mäuler beim Blooen, interpretierte hin, analysierte her und schrieb in die Verlagswerbung den Satz: »Das Ergebnis ist ein sehr differenziertes Bild von Mannheim als eine weltoffene Stadt mit einer großen Geschichte.« Mahlzeit. Das war genau das, was der Herr Auftraggeber hören wollte.

Widerspruch? Denn sonderbar ist, dass sich Mannheim freiwillig als Versuchskarnickel der Forscherin aus Würzburg zur Verfügung stellte, und das angeblich bei offenem Ausgang. Sonderbar ist zudem, dass Frau Löw heute noch Beraterin der Stadt ist, wenn auch inzwischen von Berlin aus. Sie kommt selten in die Region, und wenn, ist die Zeit knapp, also verabreden wir uns für ein Telefonat.

Frau Löw, früher waren Sie in Darmstadt, sind jetzt an der Humboldt-Universität in Berlin. Gelten Sie an den Technischen Universitäten als Esoterikerin? »Nein, Stadtsoziologie ist ein anerkannter wissenschaftlicher Bereich. Ich bin normal.«

Wie kam es zu der Zusammenarbeit mit Mannheim, sind Sie auf die Stadt zugegangen oder umgekehrt? »Ich habe in Heidelberg einen Vortrag gehalten. Oberbürgermeister Peter Kurz war da, interessierte sich für das Verfahren, Städte zu untersuchen. Wir wussten, dass Mannheim grundsätzlich für uns in Frage kommt. Die Stadt war von Anfang an ein interessanter Fall. Aber natürlich entwickelt jede Stadt ihre Eigenheiten.«

Haben Sie aktiv oder passiv mit den Mannheimern kommuniziert? Sind Sie zum Beispiel auf den Marktplatz gegangen und haben heimlich zugehört? Oder die Leute angesprochen? »Oft haben wir uns tatsächlich nur aufgehalten und beobachtet. Wir haben Gesprächsbereitschaft signalisiert, aber keine Interviews geführt. So waren wir beim Neujahrsempfang oder samstags innenstädtisch beim Kaffeetrinken, Einkaufen, haben einfach an Alltagssituationen teilgenommen.«

Das geht aber nur, wenn man den Dialekt versteht. Verstehen Sie den Dialekt? »Ich bin ja aus dem Süden. Da habe ich gar keine Probleme. Und ich habe elf Jahre in Darmstadt gearbeitet. Im Übrigen ist die Färbung oft da, der Dialekt hat aber abgenommen.«

Wie stark fließt die Historie in Ihre Studie ein? »Ein Historiker hat sich ausschließlich mit der Stadtgeschichte beschäftigt; dann haben wir nach ähnlichen Mustern gesucht. Bei einigen Motiven fanden wir eine auffallende Ähnlichkeit: ›Wir schaffen es aus eigener Kraft‹.«

Frau Löw, Sie sagen: »Wichtig ist, dass in den öffentlichen Räumen Konfrontationen mit dem Fremden entstehen.« Und

Sie sagen weiter: »Der Versuch, Homogenität in Städten zu verwirklichen, zerstört die Stadt im Kern.« Ich kann sie am Telefon nicken hören. »Mannheim ist sehr heterogen. Nicht die Stadt zerstört die Menschen, aber in homogenen Umgebungen sind wir nicht mehr in Städten oder suburbanen Räumen. In Mannheim passiert Stadt, das ist dann auch heterogen. Es gibt auch Heterogenität zwischen arm und reich. Trotz der Architekturrichtung des funktionalen Bauens gibt es eine Spannung zwischen Gebäuden. Rothenburg ob der Tauber entspricht einer Streamline, dem Versuch, einen Stil durchzubauen.« Aha!

»Hamburgerläden entfalten in Mannheim eine andere Wirkung als in Paris. Die sind ja schon in Kontexte eingebunden. Der Mannheimer Hauptbahnhof hat seine Spezifika, egal, wie die Bahn die immer gleichen Karten oder Logos aufbaut. Der Mannheimer Hauptbahnhof ist anders als der Heidelberger oder Frankfurter.«

Sie sagen, jede Stadt habe eine Eigenlogik. Das hätte zur Konsequenz, dass ich ein anderer Mensch wäre, wenn ich in Paderborn oder Berlin wohnen würde. »Genau. Heute stellt keiner mehr in Frage, dass es soziale und genetische Faktoren gibt, die uns prägen. Mein Fach fragt nach den sozialen Faktoren. Lange dachte man, Klasse, Schicht, Geschlecht, Ethnizität, Nation prägen uns anders als in Frankreich oder der Türkei. Uns ist wichtig, eine Ebene tiefer zu schauen. Natürlich sind wir durch Deutschland geprägt, aber eben auch durch die Städte. Es ist aber anders in einer katholischen Umgebung wie Paderborn oder bei Protestanten in Hannover. Homosexualität macht einen Unterschied, ob Kleinstadt oder Großstadt. Hohe Häuser machen einen Unterschied, die Kultur der Effizienz oder die Gelassenheit wie in Dortmund.«

Dortmund taucht nicht zuletzt deshalb hier auf, weil es einige Elemente gibt, die in Dortmund und Mannheim parallel laufen bzw. gelaufen sind. Sie sagen, dass Städte stark miteinander konkurrieren. »Was man gerade beim Vergleich größerer Städte merkt. Gelassenheit gibt es in vielen Städten. Die Stärke in Mannheim ist, dass versucht wird, zu gestalten. Es ist andererseits eine Schwäche, weil man wenig Ruhe hat, nicht zufrieden ist mit dem Vorhandenen. Der Bezugspunkt ist natürlich Heidelberg. Als Konkurrenzverhältnis.« Heidelberg, Heidelberg ... was war das noch mal, ein großer Obststand?

Der untere Bildrand ist abgeschnitten, da Frau Löw dort einen Lokalpolitiker im Würgegriff hält

»Hamburg und Köln zum Beispiel versuchen, besonders homosexuellenfreundlich zu sein. Städte müssen sich massiv voneinander unterscheiden, damit es einen Grund gibt, warum man in dieser und nicht jener Stadt lebt. Ähnlich wie bei Geschwistern, wenn der eine toll in Mathe ist, muss der andere toll in Sprachen sein und umgekehrt.« Das sind immer die Momente, wenn Mannheimer erigieren, wenn sie in einem Atemzug mit Hamburg und Köln genannt werden. »Wenn man in einer bestimmten Liga spielen will, muss man auch Strukturen herausbilden, die typisch für Großstädte sind.«

Die Stadt war ja ihr offizieller Auftraggeber. Wie kritisch durften Sie mit der Stadt umspringen? »Es gab keine Vorgaben, keine Kontrolle. Das ist schon mal ein großer Vorteil. Viele Auftraggeber entscheiden erst nach der Fertigstellung, ob sie die Studie publizieren. Da gab es bei Mannheim keine Einschränkungen, keine Zensur. Es gibt aber so was wie

Selbstzensur, man hat das als Wissenschaftlerin im Kopf, der Auftraggeber muss das auch rechtfertigen. Jede Stadt hat ihre Schwächen und Probleme.«

Doch nach der Veröffentlichung der Studie im Jahr 2012 war noch lang nicht Schluss. Im Gegenteil fungiert Martina Löw weiterhin als Beraterin der Stadt. »Ich bin im Kuratorium, im Advisory Board in Mannheim, im Bezug auf die Kulturhauptstadtbewerbung, im Bezug auf Kulturfragen, im Moment leite ich das Board.«

Kennen Sie von woanders etwas wie die Mannheimer Konversion? »Soweit ich weiß, ist das Vorhaben in Mannheim ungewöhnlich groß. Der Prozess verläuft schon anders, es gibt einen zögerlicheren Umgang, Aber ich habe den Eindruck, in Mannheim entwickelt sich der Prozess ganz gut.«

Haben Sie heute überhaupt noch genug Gelegenheit, hierherzukommen? »Von Darmstadt aus war das einfach. Jetzt bin ich nur noch selten dort. Ich forsche ja nicht mehr über die Stadt, sondern über Konzepte. Da ist es ganz gut, gar nicht zum Klüngel zu gehören. Ich rede oft mit anderen, die teilweise auch von außerhalb kommen.«

Urheber: Thorbecke Verlag

Wie bewerten Sie den Stadtslogan »Leben im Quadrat«? »Er ist markant, aber wenn man Mannheim nicht gut kennt – ob das hilft? ›Leben im Quadrat‹ heißt auch nicht, offen in der Welt unterwegs zu sein. Vor Ort hat man hohe Kompetenz, aber ich habe keine Ahnung, welche Rolle man in der Welt spielt.«

»Die Seele Mannheims« ist natürlich ein Augenzwinkern, ein Tabubruch, ein Sakrileg. Dennoch ist die Idee, eine Stadt als lebenden Organismus mit unterbewussten Reflexen zu sehen, nicht von der Hand zu weisen. Und nun das ganz große Rätsel des Alltags, die Millionenfrage. Wieso ist auf dem Buchtitel ein roter Würfel abgebildet, der in einer Denkblase so vor sich hindenkt: »Die Seele Mannheims – Eine Studie zur Eigenlogik der Stadt?« Hat der Verlag Quadratestadt als Würfelstadt fehlinterpretiert – oder hat man bei der Gestaltung dieser Studie gewürfelt, oder will der Grafiker uns zeigen, dass Mannheim so seine Ecken und Kanten hat, oder ist es egal, 88 und Leberwurst?

SATIRE

Im Verlagshaus des hochheiligen Blattes Mannheimer Morgen verfahren zuständige Redakteure gerne und allzu gerne nach dem Motto: Humor ist, wenn es ledern kracht. MM-Humor ist wie ein Verkehrsunfall, bei dem man hinschauen muss, auch wenn einen die Vernunft warnt, dass es nichts bringt!

Beispiel: Über einem Online-Artikel in »Morgenweb.de« steht in Großbuchstaben: »Satirisches aus Morgenland« Das Verbreitungsgebiet des Mannheimer Morgen als Morgenland zu bezeichnen, darf nicht als beispielhaft misslungenes Scherzchen übersehen werden. Statt einfach Satire als »Satire« zu bezeichnen, bekichert sich die Redaktion mit der Knalltüten-Idee, Satire als »Satirisches« zu bezeichnen, sich zu demaskieren, denn »Tierisch-Satirisches« ist ein Buchtitel des Kalauerkönigs Heinz Erhardt ... von 1949. Soll diese Referenz gar eine Reverenz sein? Doch weiter im Un-Text.
Unterhalb der Leiste mit »Twitter * Drucken * Senden« steht:

SATIRE REGIONAL:
Stadt mit 160.000 Einwohnern bislang
unter Betonbrücken verborgen

Links neben dem Artikel ein Kasten mit drei weiteren Artikelangeboten:

Satire regional,
Der satirische Wochenrückblick,
Satire regional

Den Artikel selbst hat man mit einem Kasten unterbrochen:

»MORGENGRAUEN«
Vorsicht, Blödsinn! Im neuen Herzstück des Morgenweb informiert die Satireredaktion des Mannheimer Morgen künftig unermüdlich und zuverlässig über Nachrichten, die die Region bewegen – oder auch nicht. Ist ja auch egal. Wir sind schließlich von der Zeitung.

Morgengrauen: Satirisches aus Morgenland

Was sagt dies über den Mannheimer Morgen, den Verlag und das Morgenweb aus? Hat Letzteres einen Morgenwebfehler? Müsste der Mannheimer Morgen nicht viel besser Mannheimer Vorvorgestern heißen? Der Verlag denkt über seine Leser viel nach, aber wenig Gutes. »Oh Gott, Oh Gott, oh Gott, was, wenn wir wieder wagenladungsweise Waschkörbe geharnischter Leserpost bekommen?« Wenn man über Satire das Wort »Satire« schreibt, kann man auch über Pornos die Überschrift »Nackichte Bumsaktivitäten« setzen.

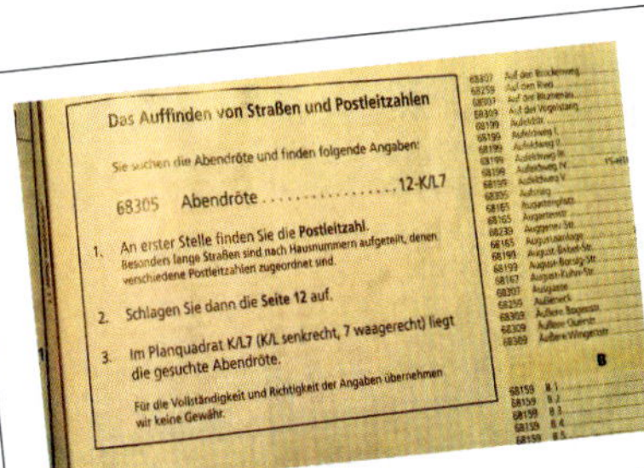
Das Auffinden von Straßen und Postleitzahlen

Sie suchen die Abendröte und finden folgende Angaben:

68305 Abendröte 12-K/L7

1. An erster Stelle finden Sie die **Postleitzahl.** Besonders lange Straßen sind nach Hausnummern aufgeteilt, denen verschiedene Postleitzahlen zugeordnet sind.
2. Schlagen Sie dann die **Seite 12** auf.
3. Im Planquadrat K/L7 (K/L senkrecht, 7 waagerecht) liegt die gesuchte Abendröte.

Für die Vollständigkeit und Richtigkeit der Angaben übernehmen wir keine Gewähr.

Tipp für Astronomen: Die Abendröte liegt in den Quadraten zwischen K7 und L7

Die gute Nachricht lautet: Im Internet darf man frecher, draller, praller sein, viel, viel, viel frecher! Und die Redaktion kann es! »Zu gut verschlüsselt: NSA scheitert an Xavier Naidoos Liedtexten. OB-Wahl: Nichtwähler noch unsicher, wen er im zweiten Wahlgang nicht wählen soll. Heidelberg: Rückgebauter Zaun am Philosophenweg nicht giraffensicher.«

Na also!

Doch es gibt ein Leben abseits des MM-Verlags. Nur einige Beispiele für gelungenen Humor in Mannheim:

- (90er-Jahre) Demonstrationen für die Errichtung eines Atomkraftwerks auf N1
- Christian Sommer (Die Partei), ehemaliger OB-Kandidat, sagt »Nach der Wahl ist vor der Wahl«, sein Posten ist »Beauftragter für Energieaußenbeziehungen«, sein Geschlecht wiederum ist »Plural (männlich)« – all dies steht deswegen auf Facebook, weil die bürgerlich tolerierten Medien Humor nur anfassen, wenn sie eine Zange in der Hand haben.
- »Oh, du bist einzigartig. Du bist meine Welt. Sag, wie lange wart' ich, auf dich, du schönster Preis. Oh, du bist einzigartig. Und mein Fundament. Und im Vertrauen sag ich: Du bist meine Welt. Denn so wie du ist keiner. Denn hier gehör ich hin. Hier hab ich meine Bleibe. Und bleiben fällt nicht schwer.« (Xavier Naidoo, als Joy Fleming einmal nicht aufpasste, was der Qual-Wallstädter, nach anderer Lesart auch Wahl-Qualstädter, ins Mikro bramarbasierte.). Übrigens: Alle Nachmacher scheitern daran, *wie* Naidoo zu seiner Verkork's und Schmei'ß weg-Lyrik kommt: Mit Google Übersetzer, Quell zahlloser Studi-Ablachabende. Naidoo übersetzt seine Texte vom Wallstädterischen in die Sprache Afrikaans, von dort in Sanskrit und ins Irische Gälisch. Holahi-aho. Wen wundert da noch das Ergebnis?

Eine Suche in Morgenweb nach dem Begriff »witzig« fördert die Verwendung des Wortes in multipler Fragwürdigkeit zutage. Und wer da »wozu« fragt, ist nichts anderes als ein ewiger Wozu-Frager! Beispiele: »An anderer Stelle stand eine angemalte Holzziege auf dem Podest. Wer sie melkte, füllte den Becher mit naturtrübem Apfelsaft. Bei schweißtreibendem Wetter eine gute Möglichkeit, auf witzige Weise für Flüssigkeitsausgleich zu sorgen.«

»Mit Spürnasen und Lauschohren stießen der schrullige Professor und sein tolpatschiges Lausch-Mittel-Team auf allerlei kuriose, witzige und spannende Geschichten, bei denen die Kinder immer wieder herzlich lachten, als sie plötzlich dem Ungeheuer gegenüberstanden.«

»Was auch witzig ist: Früher nannte man auch heranwachsende Mädchen Backfische – genau, wie die jungen Fische. Bücher für Mädchen wurden als «Backfischromane« bezeichnet. Aber das ist heute nicht mehr geläufig – nur die gleichnamige Delikatesse ist in aller Munde!«

Und nun der Kasten mit dem mahnenden Zeigefinger ☞

Den Blumepeter als »Witzfigur«, der ganz banal und brutal ausgelacht wurde, habe ich bereits im »Quadratschädel« von 2005 dargestellt. Nur so viel dazu: Kleinwüchsige, geistig Behinderte »witzig« zu finden, zeugt nicht von An- sondern von Abwesenheit von Humor.

SCHWULE

Eine sachliche, thematisch tief bohrende Google-Anfrage fördert partiell Erwartbares, aber auch eine kleine Überraschung zutage. Wenn man zwei Suchbegriffe kombiniert und zuckerzart in Gänsefüßchen packt, werden nur Websites angezeigt, auf denen die Suchbegriffe in genau dieser Reihenfolge vorkommen.

Hier also der semioffizielle Kurpfälzer
Google-Schwooglevergleich:
»Schwuler Mannheimer« = 4 Ergebnisse
»Schwuler Heidelberger« = 2 Ergebnisse
»Schwuler Ludwigshafener« = 0 Ergebnisse

Oha! Hierbei muss beachtet werden, dass der Heidelberger Bürgermeister für Integration, Chancengleichheit und noch irgendwas, Wolfgang Erichson, schwul ist. Aber: Den Kurpfalzcup holt Mannheim mal wieder spielend.

Grund genug, sich die Christopher–Street-Day-Parade anzusehen. Um es kurz zu machen, man sollte es kurz machen. Falls man selbst aktiv in der Szene ist, menschliche Spielsachen für die Nacht sucht, eine prima Angelegenheit, aber die Parade an sich besteht aus einer Handvoll Wagen, erfreut durch die Direktheit und Qualität, aber enttäuscht durch die nicht vorhandene Größe. CSD-Chef Rhein Neckar, Harald Blaull, freut sich über die Friedfertigkeit, aber nun sind CSDs auch nicht gerade als Hooliganversammlungen verschrien. Wenn das Morgenweb gewohnt verzerrend von 70.000 Feiernden spricht, entsteht ein falsches Bild. Doch wenn man es für bare Münze nimmt, klingelt der Wecker. Ehre, wem Ehre gebührt, und um den Titel des »Kleinsten CSD Deutschlands« balgen sich Pirna, Bad Segeberg und Waddewitz im Wendland. Nun also zu etwas anderem ...

Schwuler CSD-Zuschauervergleich (Mannheim-Style)

	CSD-Besucher	Einwohner	CSD-Besucher pro Einwohner
Berlin	500.000	3.500.000	0,14
München	100.000	1.400.000	0,07
Hamburg	150.000	1.800.000	0,08
Mannheim	70.000	300.000	0,23

(Ekstatisch anschwellende Stimme) Was nichts anderes bedeutet, als dass Mannheim vermutlich die proportional bestbesuchte CSD-Parade Deutschlands hat, (Stimme überschlägt sich) wenn nicht gar der ganzen ... aber lassen wir das.

Der Kreisvorsitzende der FDP heißt Florian Kußmann, durfte sich seinen Nachnamen ebenso wenig im Katalog auswählen wie seine sexuelle Orientierung, hat sich jedoch aus freien Stücken für das Leben als Gastronom entschieden und betreibt das Café Kußmann seit 2011, was für die Schwulenszene enorm langlebig ist. Man bleibt ein wenig unter sich, man redet nicht gleich mit jedem, die Lage am Ring ist ja auch nicht irgendwo.

Eine weitere sehr feste Gastro-Größe ist das mondän gelegene Café Klatsch neben dem Nationaltheater. Um das Klischee von schwulen Theaterleuten zu zementieren? Jedenfalls zeigt man sich und wird beguckt. So soll das auch sein. Nur hilft es meinen Zwecken wenig, von der Theke aus zu beobachten, wie manche Jungs einander untreu werden, oder wie manche Jungs einander heute mal treu bleiben. Denn die Musik ist zu laut. Und so schaue ich mir das die Café-Bar XS an. Vom Hauptbahnhof aus landen dort immer wieder auch

Geschäftsleute oder versprengte Touristen. Kleine Kneipe, schrille Kitsch-Deko, entlang der Wand fummelnahe Sitzgrüppchen wie in Schülerkneipen, kommunikative Theke, stellenweise humorvolles Personal.

Wir sitzen draußen vor der Tür auf den Stehhockern, weil drinnen heute zum achten Mal Helene Fischer atemlos hechelt. Ich plaudere mit einem Pärchen über den deppengelben Deppen-Maserati im flunderflachen, teeniedumpfen Deppendesign von etwa 1993 an der Ampel zum Kaiserring.

»Hier ist die eins A Einflugschneise aus der Pfalz.« Ich sage ihm, dass ich das weiß.

»Und dann fahren die um den Wasserturm und durch die Fressgasse, und dann kommen die wieder vom Paradeplatz.« Ich nicke. Ich weiß es nämlich.

»Und dann kommt der Nächste!« Ich weiß das. Ich weiß noch nicht, dass ich mit Ingo rede. Er misst 1,95 Meter, wiegt 100 Kilo, hat keine beweglichen Gesichtsmuskeln, Haare statt Frisur. Ich stelle Ingo leider eine Frage mit passabel gespieltem Interesse.

»Das da ist so was wie ein Mazda. Als ich damals mit der Firma vor der Entscheidung stand zwischen M-A-N und Iveco und Mercedes, hab' ich Mercedes genommen, gestern abend hatte ich Firmenfeier, bin heute Morgen später im Einsatz, heute Morgen ist mir ein Traktor reingerauscht, mir ist nix passiert, Totalschaden nicht, aber der ADACler sagte direkt Rahmen verzogen, ja Mensch, das Ding ist gerade mal 4.000 Kilometer gelaufen.« Ich murmle »Wahnsinn« und halte so die Konversation am Laufen. Kein Grund für Ingo, seinen Tonfall zu modulieren.

»Kenn ich alles von damals aus Bosnien, wir standen da, und da drüben die Russen, und da ging das hin und her, und wir hatten Leos unten, kennste Leopard-Panzer? Da hab ich mich mit dem russischen Oberkommandierenden kurzgeschlossen, und ich sage, was wollt ihr, und er: Das werdet ihr schon sehen, und ich sage, trinken wir erst mal Wodka, und in Russland sind die Wodkas sooo und du musst was dazu essen.« »Kenne ich. Ich war schon in Russland.« Ich hätte genauso gut bekanntgeben können, dass Worms ab morgen von menschenfressenden Pinguinen beherrscht wird.

»Du musst einfach, die lassen dich nicht weg, ohne was zu essen, du kennst das ja, und dann Na zdaraowje und die Gläser an die Wand. Außerdem ... « ... suche ich einen Vorwand, gehe auf die Toilette, hole mir beim Imbiss nebenan einen Salat, bis mein Ohr bis auf den letzten Tropfen ausgeblutet ist. »... und ich sag zu dem, was willst du mit deiner Lufthoheit, wir haben Leoparde hier, und wenn du Stress machst, erzähl ich dir mal wie es gestern Nacht war im Bett bei deinem bosnischen Major. Ich komme heute jederzeit nach Russland rein, wenn ich will. Und außerdem ...« Das ist das Schöne am XS, man hat meistens irgendjemanden zum Quatschen, wenn man will. Das Unschöne am XS ist, wenn man nicht will, dann auch.

Ich komme an einem anderen Tag wieder, als der Mann hinter dem Tresen sich gerade in einer beinahe gästelosen Phase den Gehörgang durchpusten und dabei willfährig fotografieren lässt. Ohrenkerzen sind mir neu, angeblich ziehen sie durch den Kamineffekt allerlei Schmodder aus den Gehörgängen. Genug Details. Jetzt, wo er sich nicht wehren kann, haben wir prächtig Zeit, uns ein wenig genauer zu unterhalten.

Homosexuelle Praktiken.
Hier: Aural

Sascha, darf ich dir 33 Fragen stellen?

»Eigentlich«, knurrt der kräftig gebaute Pfälzer, »sind es jetzt noch 32. Aber wieso 33?«

Weil auch der Einbürgerungstest für Deutschland aus 33 Fragen besteht.

»Muss ich jetzt beeindruckt sein?«

1) Was ist das häufigste Getränk im XS?
»Pils und Jägermeister. Neulich samstags sind acht Flaschen Jägermeister weggegangen!« Das kann ich mir gut vorstellen. Ihr habt eine clevere Taktik, Leute dazu zu bewegen, Runden zu schmeißen. Wie ein Tierdompteur, der geschickt mit Leckerbissen anfüttert. Aber Sascha, wenn wir bei jeder Frage so lange hängen ... »Ich hab in fünf Stunden Feierabend, aber dann können wir ja noch privat hier sitzen.«
2) und 3) Welches Geschlecht hat der Durchschnittsgast, und wie alt ist er?
»Über 30. 95 Prozent sind männlich und fünf Prozent weiblich.« Annette mischt sich von der Längsseite der Theke aus ein. »Sorry, aber das stimmt ja wohl nicht so ganz. Das ist manchmal auch halbe-halbe.« Wenn jetzt eine Erörterung über das Wesen von statistischen Zahlen dazwischen schießt, wird der Nachmittag zum Abend werden. Gottlob springt mir Sascha zur Seite. »Und oft genug 100 zu Null!«
4) Wie viele Leute sind Heteros?
»Fast die Hälfte!« Diesmal traut sich Annette an der Theke nicht, zu protestieren.
5) Wie viel Prozent sind Touristen?
»Fast die Hälfte«. Annette protestiert. Sascha aber insistiert: »Stadtfest, Konferenzen, Mister-Leder-Wahl, Time Warp ...«
6) Wie hoch ist der Ausländeranteil?
»Ausländer waren vor ein paar Jahren noch mehr, aber das hat sich geändert, vor allem seit die Amis weg sind.« Nun

führen wir mit Annette eine verwirrte Diskussion, wie viele Schwule in der US-Army sind.

7) Wer sind die Künstler, deren Malerei ausgestellt wird, und wie oft wechseln sie?

»Die wechseln etwa alle drei bis sechs Monate. Im Moment hängen hier Bilder von Katia Santos.«

8) Wie oft wird der Kondomautomat aufgefüllt?

Sascha grinst: »Welcher? Man sagt, es gab mal einen ...«

9) Ist der größte Nachteil des XS die zentrale Lage?

»Darf ich mal kurz aufs Klo?«

10) Warum habt ihr den Mannheimer Morgen abonniert?

»Warum stellst du so blöde Fragen?«

11) Welche Getränke sind die Ladenhüter?

Nun wird Sascha trotz des dämmrigen Nachmittags munter und kramt herum. »Oh, da gibt's so einiges: Bommerlunder, Calvados.« (holt die Flasche unten aus dem Gefrierfach)

12) Wer ist die direkte Nachbarschaft?

»Auf der einen Seite ›Luft und Liebe‹, auf der anderen Seite erst ein Grieche, dann die Telekom, dann O2, jetzt die Pizzeria«. (Annette illustriert: »Boah, die sind so schweinelecker, was da für ein Duft rüberzieht.«) und das war alleine in den letzten vier Jahren.« Der Laden ist allerdings höchstens halb so groß wie das XS.«

13) Gibt es manchmal Beschwerden über das Rauchen ?

»Ja, es steht aber draußen dran. Die Nichtraucher schick' ich auch schon mal raus.«

14) Kanntest du die Kneipe, bevor du angefangen hast, hier zu kellnern?

»Nee, ich war nie Gast – bin draußen vorbeigelaufen und dachte, was is denn *das* für ne Bude?«

15) Und? Immerhin muss es doch paradiesisch sein, dafür bezahlt zu werden, lauter Kerls frei Haus.

»Beim Einarbeiten: Das war der totale Overload!«

16) Gibt es schwulenfeindliche Gäste?
»Du wirst es nicht glauben, ja. Ich hab auch schon mal welche gewaltsam rausbringen müssen!«
17) Gibt es Heterofrauen?
»Ja!«
18) Wie wählt ihr die Musik aus?
»Du meinst schwul oder nicht? Ich bin ja auch nicht der typische Schwule!«
19) Essen darf es ja nicht geben ...
»Erdnüsse gab's bei der Stallparty. Der Boden voller Heu, der Dresscode is Cowboystil, der Inhaber hatte irgendwann nur noch Chaps an.«
20) Schicken die Rezeptionsmitarbeiter vom Parkhotel auch mal interessierte Gäste rüber?
»Wahrscheinlich eher ins Klatsch, aber eigentlich haben die im Parkhotel keine Ahnung. Und im Kussmann kommt man mit niemandem ins Gespräch.«
21) Wie sieht es obendrüber aus?
»Da sind Ärzte, alte Leute, normale Leute, mit denen haben wir gar keine Probleme.«
22) Was war die längste Nacht, an die du dich *erinnern* kannst?
»Da bin ich morgens um 7 Uhr raus, das war ein Sonntag, und abends um 8 hab ich wieder angefangen. Da bin ich besoffen raus und hab mir noch 'nen Typen gezogen.«
23) Wann ruft man die Polizei?
»Wenn ein Gast aggro ist oder randaliert, oder bei Zechprellerei. Als einer androhte, sich die Pulsadern aufzuschneiden, haben wir die nicht gerufen. Eine Besucherin zeigte ihm dann, wie man das macht«, feixt er.
24) Könnte man als Hete eine Schwulenkneipe aufmachen?
»Nicht in Mannheim. Ich kenne aber einen Wirt, der manchmal so wirkt.«

25) Wie sieht es mit dem Ordnungsamt aus?
»Ich hab letzten Sonntag den halben Tag die Fliesen saubergemacht! Mehr dürfen die gar nicht verlangen!«
26) Was ist die wichtigste Charaktereigenschaft hinter der Theke?
Sascha reckt sich: »Verschwiegenheit. Kommunikationsbereitschaft, liberal sein – und geldgeil (lacht). Im Ernst, die ersten paar Wochen waren schon hart.«
27) Seid ihr daran schuld, dass der Hochzeitskleidladen nebenan zumacht?
»Das glaub ich auch.« (lacht)
28) Du magst den Pizzaladen nebenan? (diese Frage kommt offenbar zum zweiten Mal)
»Ich hab mir den Laden nicht gewünscht, bin grad am Abnehmen.« Über das Thema Essen-Mit-Rein-Nehmen reden wir nicht, denn das Ordnungsamt liest mit.
30) Wie sieht's mit Livekonzerten aus?
(lebhaft) »Hast du dir mal die Größe der Kneipe angeschaut?« Sascha hat keinen Zollstock da, also durchmesse ich den Laden zu Fuß. Wow, es sind wirklich nur 40 qm. »Daher kommt der Name: Wir sind das kleinste Schwulenlokal Mannheims.« Und nach einer ganzen Reihe mittelmäßiger Peniswitze kommen wir zu:
31) Kannst du Englisch?
»N bisschen.«
32) Wie war das dann, als die Amis noch hier waren?
»Die haben eh GI-Englisch geredet. Da verstehst du nix. Ende Gelände. «
33) Was würdest du verändern wollen?
»Alles! Das Podest raus, die Stühle raus, die Klos neu, Regale weg, die bringen nämlich wenig.«

Im XS gibt es regelmäßig schmerzhafte Schlagerpartys, Motto-Aktionen und immer wieder heiteres Geschlechterraten. Vielleicht muss das Mobiliar gerade so geschmacksverirrt herumstehen, womöglich darf die Musik, wenn schon zu schlecht, dann auch zu laut sein – allerdings geht man auch auf sonderbare Musikwünsche ein. Eine Mannheimer Ureigenschaft wird hier wohlgesonnen akzeptiert:

Noikumme – mitbabble.

SPEICHER 7 – WELLNESS-GASTRO

Draußen stehen in Reihen die Automodelle der Generation Gesichtslos. Diese Menschen können sich Stil leisten und entscheiden sich für das Gegenteil. Sie leasen einen Wagen, in dem sie sich nicht zu rauchen trauen, weil sie ihn, wenn das Nachfolgermodell erscheint, wieder abgeben möchten. Und eine Grundreinigung zur Rauchentfernung kostet ganz schön. Ein makellos versteckter Geiz. Draußen vor der Tür wird geraucht, und es sind erstaunlich wenige, die dies tun, vielleicht weil man doch noch drinnen voller Hoffnung auf einen Sitzplatz ansteht. Samstagabend zur Primetime nach 22 Uhr im Speicher 7 – ohne Frage the hottest place in town.

Ahnungslose Besucher könnten sich wundern, denn nur wenige 100 Meter hinter dem umgemodelten Hafengebäude scheint ein klobiger, beleuchteter Schriftzug herüber, der auf ein Einkaufszentrum hinweist, eine Galerie, wohl am

Huiuiui, mordsgefährliche Hafengegend

Rhein gelegen. Nirgends ist Ludwigshafen so nah, außer vielleicht im stummen Dialog zwischen Strand hier und Parkinsel dort.

Die Mischung aus großzügigem Raum, durch wuchtige Säulen unterbrochen, aus hohen Barhockern und tiefen Sesseln, aus lebhaftem Plappergeräusch und gedämpfter Bar-Aktivität ist gelungen. Das Ganze ist in eine gekonnte, nur halbhelle Beleuchtung getaucht, die nicht fragt, wo es heutzutage noch warmes Licht zu kaufen gibt. Irritierend sind die Blicke der Gäste. Man scannt, man beobachtet. Ist es die Suche nach Bekanntem, nach Bekannten; ist es die lautlose Frage: Wem sollte ich mich mal zeigen?

Hier sind sie versammelt, die Kurpfalzraummenschen, die sich im hochwertigen Werbemagazin »Lust auf gut« wiederfinden sollen, das an der Hotelrezeption aufdringlich zentral ausliegt. Die Speicher-7-Inhaber haben sich in der Upper-Middle-Class-Gazette die prominenten Seiten sieben und acht sowie neun und zehn gesichert. Auf Seite sieben plus acht hat man quer eine junge nackte Frau auf ein Sofa mit dem Kopf unter ein Kissen gelegt, Nummer sicher. Auf den Seiten neun und zehn steht gediegener Werbetext mit ebenbürtiger Fotografie.

Der Kellner korrigiert mich, als ich ihn mit Sie anrede. Es heißt hier Du. Allerdings entpuppt sich seine Funktion weniger als Bringer von Getränken, sondern als eine Art Concierge, der auf leere Stühle mit hurtigen Schritten zusteuert und sie offenbar nach fairem Verteilungsschlüssel flink weiter vermittelt. Seine Kollegin hinter der Hotelrezeption fungiert dabei als eine Art Scout, eine Co-Trainerin, die ausspäht, wo ein Gast ein Begehr hat. Wie in der Wellness-Sauna wird darauf geachtet, dass jeder Gast das Gefühl bekommt, wahrgenommen zu werden.

Die Getränke sind hochpreisig und bieten Spielfläche für originelle Bestellungen. Das St.-Pauli-Bier Astra wird unter die Oberrubrik »Hafenarbeiter« gestellt. Das Weizen »Cuvée« zwingt auch die Kellnerin zum Nachfragen: Oh ja, es enthält zweierlei Hopfensorten! Die Weißweine starten bei pathetischen 7,50 Euro für 0,2 im Glas. Die Beschreibung schämt sich nicht für Vokabeln wie »feinnervig«, »saftig« und »purpurrote Röte«.

Die Geschäftsführer Jürgen Tekath und Thorsten Kraft treffen mit ihrer Mischung zweifellos im besten Sinne des Verkäufers den Kundengeschmack, nach dem garantierten Erfolgsmotto, dass der Wurm dem Fisch schmecken muss, nicht dem Angler.

»Tut mir leid, aber Sie dürfen hier leider nicht fotografieren.« Ich bin überrascht, erkläre, dass es mir weniger um mein Familienalbum geht, als um eine Buchrecherche. »Wir hatten in der Vergangenheit das Problem, dass an einem Tag ein halbes Dutzend Brautpaare hereinkommt und unsere Einrichtung und Wände als Hintergrund benutzt, aber daran verdienen wir nichts. Wir können es alleine deswegen nicht machen, weil wir Kunden haben wie zum Beispiel Engelhorn, die die Bar anmieten und dann dabei gewerblich fotografieren.«

Ich zähle mich gewiß nicht zu den Supernovae unter den Fotografen, allerdings überlasse ich die Entscheidung meinem Psychotherapeuten, ob der Vergleich mit Brautpaarfotografen eine schwere seelische Verletzung darstellt. Mein rein persönlicher Ärger weicht dem Beschluss, als Ersatz der Toilette mehr Aufmerksamkeit zu widmen als geplant. Und sie verdient es!

Die Franzosen sprechen von »trouvailles«, von Fundstücken, Engländer haben ein ganzes Arsenal von Begriffen wie »sloppy«, um das scheinbar Zufällige, Schlampige, gezielt Nachlässige zu beschreiben. Im Speicher 7 irrt mindestens jede zweite Besucherin zu den Männertoiletten, denn es gibt keinen schriftlichen Hinweis. »Nur« die groß dimensionierte Fotografie einer Frau, aber eben gegenüber vom Eingang. Die modische Kommunikationsform des Bildes versagt hier. Die Mehrheit der Ladies verzichtet auch darauf, sich vor aller Augen im Spiegel den Lidstrich nachzuziehen. Das letzte Kleinrätsel, die ebenfalls im Flur angebrachten Waschbecken für *beide* Geschlechter versetzen manchen weiblichen Gast gar in mittlere Empörung. Was, frage ich mich, würden die coolen Damen auf der Toilette der New Yorker Bar 89. sagen, bekannt seit dem Jahr 2000 durch seine Unisex-Toilette, nonchalant aus der einstmaligen Kultserie »Ally McBeal« übernommen?

Toilettentür ins Nirvana oder Nichts, nonchalant

Das scheinbare Prunkstück aber findet sich auf der Herrentoilette, eine prachtvolle orientalische Tür, sinnfrei, aber dekorativ an die Wand getackert. Entweder echt alt oder echt aus China oder sogar echt in China auf alt gemacht. Wer es weiß, bekommt den glutenfreien Vollkornkeks.

Zu guter Letzt erspähe ich den »Flow-Raum«, ausgelegt mit Matten, die zum Schlaf wie zum Yoga taugen, und vielleicht hat jemand die Tür bewusst halb offen stehen lassen. Sind liegende Gäste nicht eine kleine Sensation, über die man am kommenden Montag dem Kompagnon in der Kieferorthopädie-Praxis oder der Kollegin in der Steuerberatungskanzlei schmunzelnd berichtet?

Lange ist es her, dass in den westlichen Metropolen abgehalfterte Industriehallen und niedergegangene Hafengebäude von Linken, Punks und Studenten behelfsmäßig, aber kreativ erstmals umgenutzt wurden. Die Hipness-Welle aus den Londoner Docklands, aus Nantes, aus der Hamburger Hafencity ist etwa 15 Jahre später auch in Mannheim angekommen. Aber: Wer nur dann glücklich wird, wenn er eine französische Limonade »Rosa Pampelmuse« schlurpsen darf, der soll dies in einem freien Land auch tun. Und der Blick auf den Rhein ist hier unverstellt, das kann kein Innendesigner zerstören. Nach längerem Nachdenken erkenne ich, dass das Innere stimmt, aber die Insassen nicht. Es versammelt sich ein Geldpublikum ohne Persönlichkeit. Mit wem möchte man hier ein Gespräch führen? Mit wem Blödsinn machen oder gar streiten? Hier werden Mannheimer Urtriebe glattweg ignoriert! Vor lauter-lauter.

STADTSCHREIBER

Mama, ist ein Stadtschreiber, einer, der weiß, wie man »Stadt« schreibt? Aber das weiß ja sogar ich! Wat is ene Dampfmaschin? Da stelle mer uns mal janz dumm ... Was ist ein Stadtschreiber? Da stellen wir uns mal noch dümmer und schauen auf der offiziellen Website der Stadt: »Die Zielsetzung des inzwischen zum fünften Mal von der Stadtbibliothek Mannheim ausgelobten Stipendiums ist, Kinder- und Jugendliteratur in besonderem Maße zu fördern, erklärt Dr. Ulrike Freundlieb, Bürgermeisterin für Bildung, Jugend und Gesundheit, nachdem sie den von einer Jury mit Fachleuten aus Verlags- und Buchwesen, Journalisten und Sprachwissenschaftlern sowie jugendlichen Jurymitgliedern gewählten Preisträger verkündete, darum sieht es insbesondere Begegnungen des Stipendiaten mit Kindern und Jugendlichen vor.« (Mannheim.de)

Dies ist ein Text, den man tanzen kann, der sich rappen lässt, voller versteckter Hexameter, vergrabenen schwedischen Kommissaren, in dem Gräfinnen von Pommerschen Gütern nachts durch Kugelhagel gen Westen fliehen, wo Zauberlehrlinge von schlechten Darstellern geschauspielert werden, juch-heißa jippie-jee. Oder aber: Verwaltungs-Antisprech von Juristen und Pädagogen, den erbarmungslosesten Sprachverderbern aller irdischen Folterkammern seit ProSieben. Nein, das Letzte streichen wir; es klingt irgendwie wertend. Wenn die Stadt nichts oder zu wenig tut, ist das nicht gut. Wenn sie zu viel Falsches tut, ist das auch nicht gut. Ja, wie hätten Sie's denn gern?

Weitere deutsche Städte mit Stadtschreibern sind beispielsweise Otterndorf, Rheinsberg, Erfurt, Rottweil, Tübingen,

Halle (Saale), Bernburg, Soltau, Unna, Ranis, Hausach, Bayreuth und Trier. Und was fällt uns da auf? Mannheim ist die größte. Nicht die zweit-, nicht die drittgrößte, nein, Mannheim ist die größte deutsche Stadt mit einem Stadtschreiber!

Was treibt die städtischen Kulturtopfauffüller und Sponsorenbaggerer, gerade in dieser Form ein Sümmchen auszugeben? Mag es auch unterkühlt wirken, so ist doch die Kosten-Nutzenrechnung keine schlechte. So eine Kunsthalle brennt mit 68,3 Millionen Euro, davon 10 Millionen von der Stadt, ein ordentliches Löchlein in den öffentlichen Geldsack. Ein Stadtschreiber kostet harmlose 9.000 Euro. Wie viel also im Geldtopf ist günstiger in der Anleierung von PR? Pi mal Daumen könnte man 1.000 Stadtschreiber beschäftigen und dafür auf eine Kunsthalle verzichten, die am Ende ohnehin nur von widerwilligen Schulklassen sowie willigen Fördervereinsmitgliedergattinnen besucht wird.

Jedes Jahr erscheinen in deutscher Sprache rund 100.000 neue Bücher. Noch mal, zum Genießen? Wenn wir zweckhalber kurz die Alpen eingemeinden, genießen etwa 100 Millionen Deutsche, Schweizer und Österreicher Buchneuheiten in ihrer Muttersprache. Pro 1.000 Germanophiler gibt's also ein neues Buch per anno. Davon zwei von Mannheim gefördert, womit dann also 2.000 Leser, pardon, Käufer versorgt wären. Legg misch am Bagge!

Bettina Harling ist Bibliothekspädagogin im Dalberghaus, nämlich der Stadtbücherei. »Bin Bibliothekspädagogin. Wenn ich nur mit dem Stadtschreiber zu tun hätte, hätte ich ein wunderbar entspanntes Leben. Der Stadtschreiber bewirbt sich auf das Stipendium, das alle zwei Jahre ausgeschrieben wird. Eine Jury sichtet zunächst, dann kommen drei Leute in die engere Auswahl. Der Stadtschreiber ist drei Monate lang in Mannheim und bezieht die Wohnung im Turm der Alten Feuerwache. In dieser Zeit macht er Veranstaltungen:

Lesungen und Schreibworkshops. Er bewirbt sich mit einer Buchidee, arbeitet in der Zeit, liest, erzählt von seinem Aufenthalt. Manche schreiben später daran weiter. Er ist von unserer Seite an keinen bestimmten Verlag gebunden.

2015 war unser fünfter Tobias Steinfeld. Insgesamt sind zwei Bücher erschienen, die ein Mannheimer Stadtschreiber hier verfasst hat. Die Vorgänger waren Rike Reininger, Antje Wagner, Tamara Bach und Saša Stanišić.

Die Kriterien liegen im Motivationsschreiben und in der Textprobe. Die Jury bekommt anonymisierte Texte, in der ersten Runde kommen wir auf höchstens 15 Personen in der engeren Wahl. Wir wollen keine Rapunzel, die sich einsperrt. Es muss ja kinder- oder jugendgebunden sein. In der Jury sitzen auch ein bis zwei Jugendliche. Das Preisgeld wird halbiert, die zweite Hälfte gibt es bei der Buchveröffentlichung.

Das war 2007 als einmalige Idee fürs Stadtjubiläum gedacht, kam aber so gut an, dass wir weitermachten. Die Rückmeldungen sind eigentlich durchweg positiv. Mannheim wird als offene Stadt empfunden, freundlich. Die hatten außerdem alle das Glück, in einer Gutwetterphase zu kommen. Auch die Wohnung ist was ganz Tolles.

Drei Monate sind natürlich echt kurz. Und es gibt Leute, die fangen hier bei Null an. Anfangs sagten wir, der Text sollte einen Mannheim-Bezug haben. Die Leute haben dann im Reiseführer geguckt … Da lief der Protagonist vom Schloss zum Wasserturm und kam dabei an Rhein und Neckar vorbei.«

Die zwei veröffentlichten Bücher heißen »Vakuum« von Antje Wagner, die in der Danksagung Mannheim als lebhaft, farbenreich und kontrastreich bezeichnet. Und »Wolfsliebe« von Rike Reininger. Amazon-Cleverle-Kommentar Nummer 1 dazu: »Als Vegetarier sollte man vielleicht einige Stellen nicht lesen.« Amazon-Cleverle-Kommentar Nummer 2 dazu: »Das Buch liest sich sehr gut, wenn man diese Art der Sprache mag.«

Es genügt nicht, keine Gedanken zu haben. Man muss auch unfähig sein, sie auszudrücken. (Karl Kraus)

Der Unterschied vom Hofnarren zum Idioten ist: Der Hofnarr ist ein Job! (Thomas S. Lutter)

Reichtum ist eine Hure, Weisheit bleibt treu. (Malaiisches Sprichwort)

Kinderbücher werden so gemacht, wie die Verleger vermuten, dass die Buchhändler glauben, dass die Eltern meinen, sie könnten den Kindern gefallen. (Peter Hohl)

Die im Elfenbeinturme sitzen, werden selbst schnell genug zum Museumsobjekt. (Martin Gerhard Reisenberg)

SÜDPOL MANNHEIMS

Beschämte Rheinauer sprechen von Mannheim-Süd. Casterfelder und Mallauer versuchen die Distanzierung. Der Mannheimer Süden wird auf absehbare Zeit seinen Ruf als asoziale Gegend kaum loswerden. Wenn man die Zähne aber zusammenbeißt, sich gutes Wetter und ein halbwegs apartes Ziel aussucht, gewinnt man auch dieser Tristesse etwas ab. Nur was?

Meine Frau und ich entscheiden uns, bis zur Endhaltestelle der Linie 1 mit der Bahn zu fahren. Später sehen wir, dass der »reguläre« Weg ein paar Schritte zurück und durch die Fußgängerunterführung geführt hätte. Stattdessen bewundern wir die malerischen Türken-Kids in ihren malerischen Wohnblocks, die den Rheinau-Süd-Blues durch das Spielen mit Müll, im Müll ganzheitlich gestalten. Wir kraxeln über die Bahngleise, wollen dies aber mitnichten anderen anraten, kann man doch dabei sein Leben verlieren und begeht obendrein eine Ordnungswidrigkeit. Man muss unter der Straßenbrücke hindurchgehen, an Wohnblocks vorbei, die nicht von vergangenem und nicht von künftigem Reichtum künden. Die Rheinau-Süd ist als Wohngegend und Ausflugsziel vor allem charakterstarken, positiv denkenden Menschen anzuempfehlen.

Im Winter dient der Rheinau-See Fütterern von verschiedenen Entenarten, Undercover-Möwen und auch mal Schwänen, die Urlaub vom Spießertum des Luisenparks machen. Im Sommer hingegen muss man sich den Weg durch zahlreiche Ganztagsbadefamilien bahnen. 2014 fand die Rhein-Neckar-Zeitung heraus, dass die Wasserqualität im städtischen Teil eher gruselig ist, im privat bewirtschafteten jedoch ganz prima. Anders gesagt, Teile des Sees sind eingezäunt. An der Südwestseite verlassen wir das Ufer an der Rohrhofer Straße und gehen »Vor dem Wall« entlang, was eine grobe Irreführung der Brühler Gemeinde darstellt, denn für Mannheimer liegt das Fußwegchen ganz klar *hinter* dem Wall. Realitätsklitterer!

Und da ist er. Ein Flirren weht durch die Luft, als würden sich Engelsschwingen erheben und Südseeklänge erschallen. Hier liegt Mannheims südlichster Punkt. Hier blickt der Mannheimer nach Afrika, in exotische Weiten und lässt sich von niemandem den Blick vermiesen, von keinem Ketscher, Brühler oder Antwerpener (so werden hier Plankstädter genannt). Hier ist alles, was das Extrempunktbesucher-Herz erwärmt, ein Findling und, äh, all die anderen Sachen.

Auf dem Rückweg um die andere Seeseite erklärt uns ein Vater von zwei traurigen Kindlein, dass noch nicht lange diese

Seite des Sees auf so einer langen Strecke eingezäunt ist, und hat keine Lust, sich an so einem wunderbaren Spätwintertag die Laune zu verderben.

Zur gastronomischen Einkehr sei der freundliche Grieche mit düsterem Sinn empfohlen, der die Speisegaststätte des SC Rheinau Rot-Weiß bewirtschaftet. Seine Sorge war nicht der wiederholte Abstieg des Vereins in die Kreisliga, sondern die Pflicht, die Gastronomie als Speisewirtschaft zu führen. Und Yannis berichtet, wie sehr er sich verschätzte, als er sich Zulauf auch von den Seebesuchern versprochen hatte. »Die bringen selber Getränke mit. Ja klar: Wenn ich zum See gehe, mache ich's ja auch so.« Yannis, bitte lesen Sie erstens die »Anleitung zum Unglücklichsein«. Und zweitens: Stellen Sie Schilder auf:

Ein unfassbarer Besucherzustrom wird Ihnen gewiss sein. Was? Na, gern geschehen.

SWOT

Es muss weit nach Mitternacht zur tiefsten Traumzeit gewesen sein im »Alter Simpl«, als der Bürgermeister den ersten Joint anzündete. »Des is genial«, raunte er heiser zwischen den süßen Schwaden hindurch.

»Also, Stärken haben wir im Überfluss. Und Schwächen ... da denken wir uns halt was aus. Mannheim hat doch keine Schwächen!« Die Fachdezernenten für Zukunftsmusik und Luftschlösser nicken eifrig. »Gelegenheit macht Liebe, hab ich an der Uni schon immer gesagt. Und da haben alle gelacht!« Die Dozenten verstehen den Wink nicht sofort. Erst nach dem strafenden Blick der Sekretärin des erfolgsverwöhnten OB wird gelacht.

»Und Bedrohungen gibt's natürlich immer. Ich sag' nur: Konkurrenz aus Karlsruhe ...« Das Dezernentenrudel knurrt pflichtschuldig.

Dalagsieaufdem Tischausgebreitet, diegrößte, beste, schönste Mannheimer SWOT-Analyse aller Zeiten. Einfach wunderschön. Zumindest wenn man Verwaltungsfachwirt oder voller Jurist ist. Die Untersuchung, was Mannheim aus sich machen kann. Doch dann kam das alte Zitat des Hechts : »Da ist'n Haken dran«, denn er hing an der Angel.

Strengths * Weaknesses * Opportunities * Threats

Stärken * Schwächen * Chancen * Bedrohungen

Jetzt würde sich zweifellos jemand finden, der den ganzen Wust so formulierte, dass diese Journalistennasen es wenigstens *halbwegs* der Bevölkerung verklickern konnten. Er ließ die städtischen Koksvorräte auffüllen, eine extra Portion Speed ordern und Pfälzer Leberwurst.

Die Tage vergingen. Der Mannheimer Morgen schrieb seit Tagen denselben Artikel über irgendeine Baustelle, die irgendjemanden störte, der irgendwelche Rentner zum Verfassen geharnischter E-Mails an den Verlag anstachelte.

Peter Kurz hatte die Morgen-Sudokus bereits zum zweiten Mal gelöst. Er hatte die Schuhe ausgezogen und beobachtete, wie lustig sich seine Socken verzogen, wenn er mit den Zehen auf dem Teppich »Ein Jäger aus Kurpfalz« trommelte. Plötzlich riss ein Mann mit einem irgendwie vertrauten Gesicht die Tür auf, um dann sinnloserweise von innen anzuklopfen. Peter Kurz seufzte. »Falls ich ganz in Gedanken Herein gesagt habe, dann nehme ich es hiermit zurück.« »Wir ham's!« »Einen Hauptsponsor für den Waldhof, der mehr kann, als Duschwände bauen oder Apps programmieren?« Der Eindringling vergaß glatt das Pflicht-Lachen.» Äh, nein.«

Kurz schielte heimlich nach seinem Sudoku. Man darf es auch dreimal an einem Tag lösen. Verboten ist das nicht. »Ihr Name war gleich noch mal?« »Hübel«, stammelte der Mittdreißiger mit der sommersprossigen Stirn, »Christian Hübel.« »Ich bin James Bond. Aber Sie dürfen mich ruhig bei meinem Tarnnamen Peter Short nennen«, kiekste Kurz übermütig.

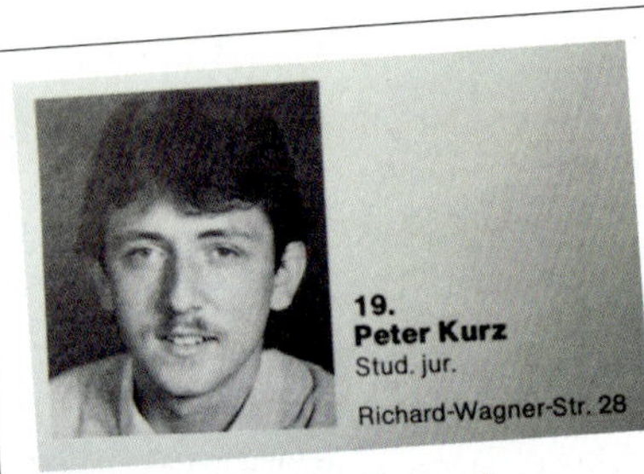

How your mother met me

»Strategische Steuerung. Referatsleitung«, verkündete der Beamte tonlos und beobachtete, wie der OB seine Schuhe anzog, als könne er dann besser zuhören. »Und wir haben es: Mannheim hat *sieben* Besonderheiten!« »Schwaben, Geißlein, Sinne, Musketiere, Schläfer – es gab viel mit der Zahl sieben«, dachte Kurz. Hübel begann, eine Reihe Papiere auf dem Schreibtisch des Chefs auszubreiten. Zum besseren Verständnis sind hier die Hübel-Paukenschläge parallel zu den Kurzschen Denk-Fanfaren dargestellt.

Hübel sprudelte los und fuchtelte dabei mit Armen, Beinen und Ohren, dass es eine Art hatte.	Der alerte Stadtvater dachte sich seinen »Teil«.
Erste Besonderheit: Mannheim hat fast alle Metropolfunktionen, urban wie Sau, überschaubar, außenrum Natur, O-Wald und Pfalz, super!	Hmm, talentierte Type. Das mit dem Odenwald kenn ich schon, aber ... Talent.
Zwote Besonderheit: Mannheim hat die bunteste Ausländermischung, also bei den mittleren Großstädten.	Mittlere Großstädte, wow, das kommt echt gut. (Kurz notiert: Nur Großstädte – ohne mittlere)
Dritte Besonderheit: Immer mehr Ausländer gehen auf Realschule und Gymmi.	Très chic. Gymmi, wie Gymmi-Twist, hihihi.

Impulsiv, wie er nunmal ist, rief Kurz in die Sprechanlage: »Frau Kohl-Richter, bringen Sie uns zwei Kaffee spezial? Danke.« Fünf Sekunden darauf schwang die Tür auf, und die Assistentin mit dem Künstlernamen einer berühmten Wahl-Ludwigshafenerin schwebte mit einem Tablett herein und ohne das Tablett hinaus. Kurz trank und versengte sich die Schnute.

Vierte Besonderheit: Kultur, äh, Musikwirtschaft – wenn auswärts über Mannheim geredet wird, dann zu 70 Prozent wegen Kultur, ja …«

Kurz' Miene verfinsterte sich. Der verkackte Bilfingerskandal, dieser nervige Hopp und dann die Heinis von Weldebräu mit ihren albernen tanzenden Bierflaschen. Das Speed im Kaffee begann bereits zu wirken.

Fünfte Besonderheit: So 'ne Bertelsmannstudie hat herausgefunden, dass die Mannheimer Bevölkerung viel langsamer wächst als sonst in Ba-Wü!

Kurz betrachtete den sich stolz reckenden Referatsleiter und dachte an seine Lieblingsstelle in Alice im Wunderland, wo Alice sich selbst langzieht. Cool.

»Darf ich noch 'nen Kaffee haben?«, quäkte Hübel, während er sich schon selbst eingoß. Mann, war der lecker!

Sechste Besonderheit: Entwicklungs- und wettbewerbsentscheidend ist zunehmend, wie sehr es gelingt, die Bürgerschaft zur Gestaltung der Entwicklungsprozesse zu aktivieren. Mannheims Bürgerschaft verfügt über eine weit überdurchschnittliche Identifikation der Bewohner mit ihrer Stadt. Dies soll Anknüpfungspunkt einer Aktivierungs- und Differenzierungsstrategie sein.

Boah, geil. Diese Farben.

Und die siebte Besonderheit: Wirtschaft ist super hier.

Wirtschaft ist super hier, echote es im Stammhirn von Peter Kurz so stark, dass er gar nicht hörte, wie er die Worte laut im Singsang dahinsang.

Alice, alte Gernegroß [Illustration John Tenniel, gestorben 1914]

TOULON

Der Toulonplatz. Nicht zu verwechseln mit dem Swanseaplatz. Warum auch, er schreibt sich ja völlig anders. Wahrscheinlich müssen sich ausgetauschte Partnerstädter jedes Mal den Toulonplatz ansehen, wenn sie Mannheim besuchen. Im Rahmen eines Empfangs zum Beispiel. Städtepartner machen immer Empfänge: Schulempfänge, Rathausempfänge, IHK-Empfänge. Man muss Reden halten und stehen. Dann bekommt man ein Getränk, und es folgt noch eine Rede. Dann faltet man die Papierserviette, die zum Getränk kommt, zu einem Flieger. Der Flieger fliegt aber gar nicht gut. Nach der nächsten Rede darf man auf die Toilette und geht raus, um eine zu rauchen. Eine von zwei komischen Frauen sagt: »Gut, dass heute gutes Wetter ist.« Die andere komische Frau antwortet: »Ja, nur schade, dass wir drinnen sind.« Diesen gequirlten Quark kapiert man leider nicht, denn sie bringen ihn auf Französisch vor, und das eigene Schulfranzösisch ist halt nur lala. Nicht oh lala, sondern so lala.

Die Touloner haben zum Beispiel 2015 folgendes Programm erbastelt, um Mannheimer Tauschwütige zu beglücken:

Bildungsempfänge	Datum	Ort	Pers.	Wegen, weil
Empfang des Cisson-Gymnasiums	19. März 14.30 Uhr	Salon Clemenceau	35	Im Rahmen eines Projekt eines linguistischen französisch-deutschen Austauschs mit der Werner-von-Siemens-Schule. Gratiskarten für die Seilbahn überreicht.
Empfang des Maurice Ravel-Gymnasiums	16. April 14.00 Uhr	Salon Clemenceau	43	Im Rahmen eines Projekt eines linguistischen französisch-deutschen Austauschs mit dem Feudenheim-Gymnasium.
Empfang der Dualen Universität Mannheim und der Hochschule für Elektronik und Mathematik Toulon	24. April 10.00 Uhr	Salon Clemenceau	6	Im Rahmen eines universitären Austauschprojektes mit dem Ziel, den Studentenaustausch zwischen den beiden Ländern sicherzustellen und den Kontakt zwischen den Unternehmen zu intensivieren.
Empfang des Bonaparte-Gymnasiums	28. September 11.15 Uhr	Salon Clemenceau	27	Im Rahmen eines linguistischen französisch-deutschen Austauschprojekts mit dem Bach-Gymnasium mit einer Besichtigungstour der Touloner Reedereien.

Unklar bleibt nur, was die Touloner mit ihrem Clemenceau-Salon den Rest des Jahres anstellen. Seid empfangen, Ihr Linguisten, seid empfangen, Ihr Seilbahnbenutzer, und seid empfangen, Ihr Reedereibesichtiger.

Und so geht das immer weiter. Die einen gucken sich einen Weinberg an, dann gibt's einen – Sie ahnen es! – Empfang zum Jahrestag des Elysée-Vertrages, ein Gratiskonzert der Harmonika-Freunde, und immer wieder diese Empfängnisbereitschaft, hmm. »Chacun prend son plaisir où il le trouve« – jedem Tierchen sein Pläsierchen. Glaubensgruppen, Sportturniere. Händeschütteln, fotografieren, Bericht in der Lokalpresse. Und wenn eine Truppe abgereist ist, kommt die nächste an. Ewig grüßt das Städtepartner-Murmeltier.

Als Peter Kurz Anfang 2011 bei einem *Empfang* im *Clemenceausaal* die Städtepartnerschaft Mannheims mit Toulon lobpreiste, schloss er seine Rede auf Französisch: »Wir müssen die Entwicklung der Städtepartnerschaft fortführen und die Bande der Freundschaft pflegen.« Nach streng wissenschaftlichen Gesichtspunkten hat der Autor keine Kosten und Mühen gescheut, um festzustellen, ob die beiden Partnerstädte sich auf Augenhöhe begegnen.

Unentschieden! Da Toulon aber die kleinere Stadt ist, müssen die erbrachten Leistungen umso stärker gewichtet werden. Zudem startet die französische Marine ihre Auslandseinsätze von hier aus. Na ja, wer's mag.

Abschließend kann festgestellt werden, dass Städtepartnerschaften so wertvoll sind, wie die Kunst, auf Glatzen Locken zu drehen. Aber wenn es schon sein muss, dann hat Mannheim mit Toulon einen ausgezeichneten Supervisor.

Privat eingezeichneter Radweg in Toulon

	Mannheim
Einwohner	297.000
Fläche	145 km^2
Alter	74 nach Christus
Weitere Städtepartner	Swansea, Charlottenburg, Windsor, Riesa, Chisinau, Bydgoszcz, Klaipeda, Zhenjiang, Haifa
Postleitzahl	68159
Höhe	97 m
Region	Regierungsbezirk: Karlsruhe
Bruttoinlandsprodukt pro Nase im EU-Vergleich in %	106/100
OB	Peter Kurz seit 2007
Berühmtester Sohn der Stadt	Carl Benz
Website	Suchbegriff »Toulon« führt auf Mannheim.de zu 103 Ergebnissen
Wasser	Rhein, Neckar, Filsbach
Flughafen	Schweigen
Sport	Adler!

Toulon	Spielstand
164.000	1:0
43 km²	2:0
Seit der Altsteinzeit	2:1
La Spezia, Norfolk, Kronstadt	3:1
83000	3:2
0-589 m	3:3
Provence-Alpes-Côte d'Azur	3:4 – Iiih, Karlsruhe!
104/100	4:4
Hubert Falco seit 2001	4:5 – Was für'n cooler Name!
Gilbert Bécaud	5:5 – Ligroin statt 100.000 Volt
Suchbegriff »Mannheim« führt auf Toulon.fr zu 4 Ergebnissen	6:5
Mittelmeer	6:6 – Nix gegen die Filsbach, aber...
4 Fluglinien, u.a. nach Paris, Stockholm, London, Rotterdam	6:7
RC Toulon (Rugby)	7:7

VRN

Verkehrsverbünde, die sich so etwas ausdenken wie den »Wabenplan«, haben einen Stich. Es gibt Bereiche, in denen der ÖPNV glänzt, und eben solche wie die Telefonauskunft.

Dies ist ein aktuelles Telefonat, das so stattgefunden hat. Der Autor hat nichts weggelassen und nichts hinzugefügt. Es ist möglich, dass er sich nicht getraut hätte, dieses Telefonat zu erfinden, obwohl die Kunst behauptet, frei zu sein.

»Verkehrsverbund Rhein-Neckar, guten Tag. Was kann ich für Sie tun?«

»Guten Tag. Ich möchte gern von Mannheim nach Deidesheim. Jetzt habe ich selber schon im Netz geschaut, komme aber nicht richtig voran auf Ihrer Website.«

»Das ist im Prinzip ganz einfach.« Auf diesen Satz war ich mental vorbereitet. Für solche Situationen werden Sachbuchautoren in wochenlangen Rhetorikseminaren geschult, also antworte ich ganz, wie ich es gelernt habe. »Aha.«

»Die Wabe 94, da ist eine gestrichelte Linie, die gehört teilweise zu Mannheim, und teilweise zu Ludwigshafen, das ist aber ein Spezialfall.« Ein Ablenkungsmanöver der Spitzenklasse. In der Wüste den Blinker links setzen und dann rechts abbiegen. Nepper, Schlepper, Bauernfänger. Trau, schau, wem.

»Das ist eine Großwabe, wenn man von außerhalb kommt.« Typisch, ganz typisch! Er versucht, mich zum Nachfragen zu verleiten. Stattdessen beschließe ich, zu husten und unauffällig das Thema zu wechseln.

»Und was kostet das?« »Sie wollen mit dem Zug nach Deidesheim fahren?« »So ist es.« »Mit dem Zug ist es, Moment ... 1-2-3-4-5-6 Preisstufe sechs, wenn man es zählt.«

Vom Maimarkt nach Afrika – der VRN bringt Sie hin

Zack! Schon wieder schmeißt er mir einen billigen Knüppel zwischen die Beine. Ha, Freund und Kupferstecher. Du sollst dein Knüppelchen zurückkriegen. In solchen Momenten braucht man eine Frage, die nicht wie eine Drohung klingt, in Wahrheit aber eine ist, und zwar eine ganz hinterlistige. »Steht das in den Tarifbestimmungen?«

»Das ist ein Spezialfall, der nicht oft vorkommt.« Rumms. Einfach die Frage überhören. Verflixt und Dingsbums, diesem ausgebufften Profi bin ich einfach nicht gewachsen.

»Gut, Sie haben mir sehr geholfen. Wenn ich noch mal eine Nachfrage habe, kann ich Ihren Namen und Ihre Durchwahl haben?« »Die Servicenummer ist 01805 …«

»Nein-nein, ich hätte gerne eine kostenlose Festnetznummer.« Und trau dich nicht zu sagen, dass es keine gibt!

»Das wäre die 0621-107700.« »Und dann lande ich direkt bei Ihnen? Super.«

»Nein. Sie kommen zwingend im Haus raus, nicht zwingend bei uns.« Uns? Was heißt denn da uns? Telefoniere ich gerade mit einem Beraterkollektiv? Lauscht ein kompletter Studentenhörsaal an der Hochschule für Verkehrsverwirrung mit?

»Und wenn ich nach Ihnen verlangen will? Sagen Sie mir Ihren Namen, oder ist das verboten?« »Mein Name ist Burghof. Aber ich bin nicht jeden Tag hier.« »Aha.«

»Wenn, dann verlangen Sie nach der Fahrplanauskunft.« »Aha! Aha!«

»Wir sind fünf Kollegen, in Spezialfällen auch sechs. Es hat aber keinen Sinn, wenn Sie nach meinem Namen verlangen.«
»Aha, aha, aha, aha, aha, aha.«

Epilog: Und solche schreibt Käpt'n Zufall immer noch am schönsten. Ich sollte unbeschadet nach Deidesheim ins Theater und auch wieder zurück gelangen. Wie das Stück hieß, fragen Sie? Tja, ich kann's nicht ändern: »Ein Käfig voller Deppen.«

WESTPOL MANNHEIMS

Wer von Mannheim aus nach Westen will, muss in den Norden. Seltsam? Doch so steht es geschrieben. An diesem Tage soll sich klären, weshalb in der ganzen Stadt, besonders im westlichen Zentrum und im Norden, gelbe Schilder mit der Aufschrift Groß-Gerau und 44 errichtet worden sind. Glauben Sie nicht?

Wir fahren an diesem sonnigen Feiertag im Frühling den Parkring entlang, durchqueren den Jungbusch, touchieren den Westrand der Neckarstadt-West, um die spröde glänzenden Stadtteile Waldhof und Luzenberg zu passieren. Industrie, Arbeiter, Graffiti, türkische Gesichter, bulgarische Zuhälter und Mafia-Fahrzeuge, Lärmschutzwände in den üblichen Lärmschutzwandfarben, die zweifelsohne auf die menschliche Seele beruhigend wirken sollen. Keine Frage, die Prostituierten, Arbeitslosen und Exknackis dahinter sind mit Sicherheit die coolsten ihrer Art. In Sandhofen vereinigt sich die B44 Richtung Groß-Gerau mit der Waldstraße, die von Käfertal und Gartenstadt die Westpolsucher herüberführt.

In anderen Städten siedelt sich am westlichen Rand gerne das bessere Bürgertum an, um die in Deutschland häufigen Westwinde zu genießen, die frische Luft in die stinkenden Steinburgen hineintragen. In Mannheim liegen die Dinge anders. An fast den ganzen Westen der Stadt kuschelt sich die größte Fabrik Deutschlands des größten Pfälzer Chemieunternehmens der Welt, und die findet allzeit einen anderen Vorwand, um trotz Filter und Abgasnormen bullernden Gestank nach Osten zu verbreiten.

An einem Feiertag wie diesem – es ist Ostermontag – hält

sich sogar die Zellstofffabrik bedeckt, freundlich, und erlaubt uns, beim Aussteigen neben IKEA erst mal einen tiefen Atemzug zu nehmen. Die Wegbeschreibung ist denkbar simpel: auf der A44 unter der Autobahn durch und die erste richtige Straße nach links, Imhoff stand hierfür Pate, nicht etwa Hans, der Schokoladenpatron aus Köln, sondern Karl, der Abwasserpatron aus Mannheim.

Wir entscheiden uns, dass man unserem alten roten Golf weder eine landwirtschaftliche noch forstwirtschaftliche Funktion abnehmen würde und gehen das bisschen zu Fuß, rechts knattert das Klärwerk, gut hörbar, wenn der Wind auf Nord dreht. Einzelne Spaziergänger hetzen ihre Kampfpudel auf uns, ansonsten ist es friedlich. Nach wenigen 100 Metern erreicht man den Damm, den man nach links gen Süden gehen muss. Da die Landverbindung zu der westlichsten Mannheimer Halbinsel nicht in Sicht kommt, schlagen wir uns durch den Wald, der schmuck mit Farbtupfern von ollen Kanistern, aber auch mal einem formschönen Herrenschuh und allerlei Plastikgetüt verziert ist, herangetragen vom immer wieder laubig überschwemmten Rhein.

Madonnas Gaultier-BH in Mannheims Westen gelandet

Man sieht von Weitem, dass der Wassergraben neben der Halbinsel inzwischen keinen Steg mehr hinüber hat, mithin ist die Halbinsel zur Ganzinsel mutiert! Wenn wir an diesem Apriltag den westlichsten Punkt Mannheims erreichen wollen würden, hätten wir die semi-attraktive Wahl zwischen Einbruch in einen Bootsverleih und schwimmen. Wir entscheiden uns für Tor 3 – den Rückweg. An der Biegung vom Damm zurück zum Auto steht ein Mittfünfziger mit seinem Fahrrad, der auf uns gewartet haben muss, denn hier ist weder ein Stehcafé noch ein Stehpult und auch keine Stehgeigerschule.

»Guten Tag.« »Guden Dach.«

Hm, Lampertheimer auf Ausflug in den Süden, denke ich. Und sage: »Wir wollten eigentlich rüber auf die Halbinsel, aber die haben das anscheinend durchgebaggert.«

»Ja, isch mään aa. Haja, des Wassa war hald braggisch. Des hodd gschdunge.« »Und kommt man da im Norden rüber; gibt's da eine Verbindung?« »Nää, do is nix. Do braischde Se schun e Boot.«

»Dann ist das ja gar keine Halbinsel, sondern eine richtige Insel.« »Ja, im Brinzib schun. Des is e Insel.«

Wir verabschieden uns, und er steigt auf sein Fahrrad und fährt seiner Wege. Denn sein Tagwerk ist vollbracht. Wir beobachten noch den mysteriösen, gespielten Witz auf dem Acker südlich des Weges, wo ein Hase im gestreckten Galopp seine Bahnen zieht, um uns auszuweichen. Sein Osterjob ist vorbei, und seine Eier sind und bleiben seine Privatsache.

PS: Wir beschließen, dass Groß-Gerau noch nie gesehen wurde, ein Ort, aus dem niemand stammt, und der Teil einer teuflischen Verschwörung darstellt, um arglose Extremtouristen in die Hölle Südhessens zu locken. Ein südhessisches Bielefeld. Seltsam? Doch so steht's gschriwwe!

SÖHNE UND TÖCHTER

»Liste von Söhnen und Töchtern der Stadt Mannheim«: Wikipedia listet Persönlichkeiten auf, die in Mannheim geboren sind. Und wenn es auf der Durchreise war, widerwillig oder aus Versehen. Hier sind einige ganz besondere, ausgewählte.

Herr Cannabich brachte Mozart bei, was eine Oper ist, und Generationen von Neckarstädter Kiffern zum Schmunzeln. Cannabich ehelichte eine Frau von de la Motte, hatte seinerzeit aber leider noch nicht das Recht, den schicken Doppelnamen Cannabich-Motte in die Welt zu setzen. Heute lebt in ganz Mannheim kein Mensch namens Cannabich mehr. Und auch sonst in Deutschland nirgends.

Wieso man nach dem alten Dalberg gleich eine Bibliothek benannte, erschließt sich bei der Aufzählung seiner Jobs. Und unterwegs war der Mann!

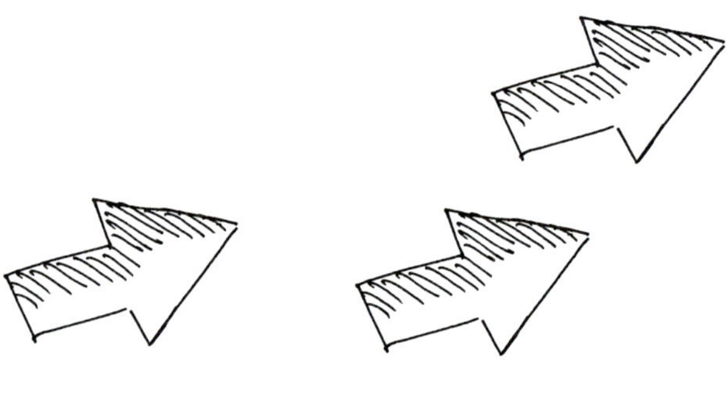

Berufe des Karl Dalberg	Ausübungsort
Erzbischof	Regensburg
Propst	Wechterswinkel
Koadjutor	Mainz
Domherr	Würzburg und Mainz
Fürstbischof	Regensburg
Jurist	Pavia, Heidelberg, Mainz
Popularphilosoph	Wo's grade passte
Leopoldina-Akademiker	Schweinfurt
Kurfürst	Mainz
Fürstprimas	Frankfurt/Main
Schriftsteller	Aschaffenburg
Dichterfreund	Weimar
Reichserzkanzler	Mainz
Universitätsrektor	Aschaffenburg
Domizellar	Mainz
Statthalter	Erfurt
Dompropst	Würzburg
Illuminaten-Präfekt	Erfurt
Titularerzbischof	Tarsus/Kilikien

Hieran, Damen und Herren, fällt doch schmerzhaft ins Auge, dass es zu jener Zeit noch keine BahnCard 50 gab, der gute Karl also unterwegs war auf Volkes Kosten, zu Zeiten, als das einzige Mobile Device der Kutscher war, den man gelegentlich anschnauzen konnte. Fraglich ist nun, wie viel Zeit er der jeweiligen Tätigkeit widmete. Wäre dieser saubere Herr im Job-Center aufgetaucht und hätte diesen Lebenslauf vorgelegt, hätte man ihm mannigfaltig die Paragrafen um die fürstlichen Ohren gehauen, ihn ferner angezeigt wegen versuchter Leistungserschleichung, Irreführung der Behörden, Betrug,

Dokumentenfälschung. Aber noch etwas sticht ins Auge: Welche dieser angeblichen Tätigkeiten übte er eigentlich in Mannheim aus? Sagen Sie nicht Bibliotheksgründer, das ist Schmu.

Weiter mit den Wiki-Mannheimern: Gertrude Goldhaber war der erste Mensch, der beobachtete, dass bei Spontanspaltungen von Zellkernen Neutronen freigesetzt werden … (wirken lassen) … Na, klingelt's? Bei mir auch nicht. Für Elementarphysiker war es allerdings in den 1940ern ein ziemlicher Knaller. Zweitens erforschte sie mit ihrem Mann zusammen noch irgendwas über Beta-Teilchen, ihr späteres Lebenswerk aber hatte es in sich: Sie untersuchte, was Atomkerne tun, wenn man sie »kitzelt«. Was spucken sie aus, wie bewegen sie sich, wo gibt's Stress – fragte Gertrude Goldhaber. Eine Frau aus der ungekrönten Bundes-Aufreger-Stadt. Siehe N1, siehe BuGa, siehe Kunsthalle, sieh an, sieh an …

Markus Kuhn, Jahrgang 1986, American-Football-Spieler aus Mannheim, schaffte als erster Deutscher einen Touchdown in der US-amerikanischen National Football League (NFL).

ENDE

NACHWORT

Heute ist nicht alle Tage, ich komm' wieder, keine Frage.
Ende, aus. Micky Maus.
Ein Ende kann ein Anfang sein.
Das seltenste Ding auf Erden ist ein gut gelungenes Ende.
Nur die Wurst hat zwei.
Ende gut, alles gut.
Das ist der Anfang vom Ende.
Don't stop til you get enough.
Am Anfang war auch der Teufel ein Engel.
Wo ein Anfang ist, muss auch ein Ende sein.
Das dicke Ende kommt nach.
Lieber ein Ende mit Schrecken als ein Schrecken ohne Ende.
Klappe zu, Affe tot.
Hinter dem Horizont geht's weiter.
Gruß und Kuss, Dein Julius.
Der Ausgang ist der Prüfstein aller Taten.
This is the end, my only friend, the end.
Feierabend.
Man soll aufhören, wenn es am schönsten ist.
Ende Gelände.
Es gibt einen Lichtschein am Ende des Tunnels.
The Long Goodbye.
Selbst auf Schlussstrichen wird häufig noch prostituiert.
Break on through to the other side.
Manchmal muss man den Sack zumachen, auch wenn er noch nicht voll ist.
Ich habe fertig.
The final Cut.

Es geht alles vorüber, es geht alles vorbei.
Man sieht sich immer zweimal.
Was ich heut nicht kann besorgen, das verpass ich lieber morgen.
Torschluss allein ist noch kein Grund zur Panik.
Aufhören!
Aufhören!
Aufhören!
Aufhören!
Aufhören!
Aufhören!
Aufhören!
Aufhören!
Aufhören!
Aufhören!

DIE SAGUNG DES DANKE

Psychologisch gesehen leide ich unter dem Zwang, mich am Ende eines Buches bei denen, die dabei waren, zu bedanken. Vielleicht sind Buchautoren ja kauzige Einzelgänger und gehören in Therapie. Vielleicht leiden sie unter Komplexen, weil sie es nicht hinkriegen, ein gescheites Buch zu verfassen, ohne sich Hilfe von außen zu holen. Möglich, dass es eine Zwangsstörung ist, denn durch die Dankerei bezeugt man, dass von Anfang an andere davon gewusst haben! Oder der Autor ist gespalten, ganz persönlich, und weiß gar nicht, dass er monatelang alleine auf eine wehrlose Tastatur eingehackt hat. Am wahrscheinlichsten ist jedoch, dass es sich um einen unverbesserlichen Serientäter handelt, der sich keiner Schuld bewusst ist. Ab in die Forensik mit ihm und nie wieder raus!

Ich danke:
Chris und der verehrten Gemahlin, Hardy Prothmann, Charly Graf, Andi Miehm, Thomas Hollstein, Ste, Bombenleger, dem heiligen Hans, Kater, natürlich Peter Molden und seinem Dreamteam, den Seeblickcampern, Andreas Stöckl, Sascha, Daniel, Danni, Jacky, Jochen, Ursula, Martina Löw, Ralph Hartmann und Ibnl Matthias.

ENDE

DER AUTOR

Thomas Baumann schreibt sich um Kopf und Kragen. Erst trug er sich ins Geburtenregister der Stadt Mannheim ein. Bald schrieb er für Stadt und Musikmagazine, später Drehbücher, Sketche und Gags fürs Fernsehen.

Zwischenzeitlich verfasste er Telefon-Entertainment für Erwachsene. 2005 erschien sein erstes Buch: »Quadratschädel«. Es folgten die Goodseller »Die spinnen, die Deutschen«, »Daheimbleiben kann jeder« und »Garantiert deutsch!«.

Thomas Baumann

Claus-Peter Hutter (Hrsg.)

MAULTASCHEN UND MOTOREN

Stuttgart und das Neckarland in den 50er und 60er Jahren

Bildband mit zahlreichen Schwarz-Weiß-Fotografien
gebunden mit Schutzumschlag,
28,5 x 31 cm, 300 Seiten
ISBN 978-3-95451-403-8
39,95 € [D]/41,10 € [AT]

»Maultaschen und Motoren« ist eine berührende Reise in die schwäbische Metropole der 50er und 60er Jahre. Stuttgart mit dem Neckarland ist eine Großregion im Umbruch, deren Entwicklung in dieser Geschwindigkeit und Konsequenz innerhalb von Deutschland sich vielleicht nur noch mit dem Ruhrgebiet vergleichen lässt. Die 50er und 60er Jahre: als allen Ernstes über »Wübahoz« als Einheitsbegriff für Württemberg, Baden und Hohenzollern nachgedacht wurde, Mercedes Benz und Porsche zu den großen Industrieunternehmen in Deutschland aufstiegen und die Menschen in einer bizarren Welt zwischen Mistwagen und schnellen Autos lebten. Faszinierende und zum Großteil unveröffentlichte Bilder werden in einem opulenten, wunderbaren Bildband von einem ausgewiesenen Kenner der Region über eine prägende Zeit lebendig und voller Nostalgie präsentiert.

»Viele Kindheitserinnerungen kombiniert mit umfassenden Recherchen über die schwäbische Metropole der 50er und 60er Jahre hat Claus-Peter Hutter in dem umfassenden Werk gebündelt. Bebildert ist die Geschichte der Großregion Stuttgart mit vielen faszinierenden, zum Teil unveröffentlichten Aufnahmen.« SWR

Rezzo Schlauch, Reinhold Weber

KEINE ANGST VOR DER MACHT

Die Grünen in Baden-Württemberg

Illustriertes Sachbuch
mit ca. 40 Schwarz-Weiß und farbigen Abbildungen
Gebunden mit Schutzumschlag
14,5 x 21,7 cm, 240 Seiten
ISBN 978-3-95451-732-9
22,95 € [D]/23,60 € [AT]

Sie kommen aus den Bürgerbewegungen der 70er Jahre und wurden als Landesverband gegründet, noch bevor es die Bundespartei gab. Sie sind den »grünen Weg durch schwarzes Land« gegangen, und sie stellen heute den ersten grünen Ministerpräsidenten. Die baden-württembergischen Grünen sind ein Phänomen: schon immer als »Realos« bekannt, bei Wahlergebnissen in aller Regel über dem Bundesdurchschnitt und mit großem Einfluss in der Bundespartei. Und sie hatten und haben keine Angst vor der Macht – weder als Protestpartei noch als Programmpartei und schon gar nicht als Regierungspartei.

»In dem klug und unterhaltsam konstruierten Band „Keine Angst vor der Macht“ berichtet Rezzo Schlauch als Akteur und Zeitzeuge. Seine Erinnerungen und Überlegungen sind verschränkt mit Kapiteln, in denen der Historiker Weber fundiert die Geschichte der Grünen aufarbeitet. Dazwischen finden sich kurze Interviews mit wichtigen Protagonisten der Zeit: Erwin Teufel, Erhard Eppler und anderen.« Stuttgarter Zeitung

Thomas Baumann

111 ORTE IN DER KURPFALZ, DIE MAN GESEHEN HABEN MUSS

zahlreiche Abbildungen
Broschur, 13,5 x 20,5 cm, 240 Seiten
ISBN 978-3-89705-891-0
14,95 €[D]/15,40 € [AT]

Wo gibt es 14.000 rote Fahrräder auf einem Fleck? Warum hat man von einem Berg aus Müll den besten Blick? Und wo stehen die ältesten echten Tankstellen? Begeben Sie sich auf die Spurensuche abseits der bekannten Pfade und entdecken Sie 111 ungewöhnliche, skurrile und spannende Orte, die Sie staunen lassen.

»111 Orte ein Buch, das auch eingefleischte Kurpfälzer überrascht. Es regt an, einmal auch mit anderen Augen durch die Region zu gehen.« SWR

Claus-Peter Hutter
DER NECKAR

Bildband mit ca. 250 farbigen
und Schwarz-Weiß-Abbildungen
gebunden mit Schutzumschlag
28 x 32 cm, 240 Seiten
ISBN 978-3-95451-733-6
34,95 € [D]/36,00 € [AT]

Geheimnisvolle Moore und Wälder, pittoreske Burgen und Schlösser, Fachwerkidylle in Dörfern und Städten, pulsierende Industriezentren und verträumte Naturoasen: Der Neckar hat viele Gesichter. Mit 367 Kilometern Länge ist er im internationalen Vergleich neben Mississippi, Wolga oder Nil zwar lediglich ein Zwerg unter den Flüssen, aber nicht nur für Claus-Peter Hutter stellt der Neckar die größte Kulturmeile der Welt dar. Der Autor nimmt uns mit auf sechs bildgewaltige Neckarreisen, wo Römer ihr damaliges Weltreich verteidigten und wo sich Eisvogel und Nachtreiher »Guten Morgen« sagen. Der Neckar ist nicht zuletzt der Fluss der Dichter und Denker. Von der Quelle im Schwenninger Moos über Tübingen, Stuttgart, Heilbronn und Heidelberg bis zur Mündung reiht sich eine Kulturinstitution an die andere und bildet so die unverwechselbare Neckarlandschaft.

»Es ist eine zweieinhalb Kilo schwere Liebeserklärung an den Neckar. In sieben Kapiteln nähert sich Hutter der Schlagader von Baden-Württemberg und zeigt die Vielfalt des Neckars.« Stuttgarter Zeitung

Bibliografische Information der Deutschen Nationalbibliothek
Die Deutsche Nationalbibliothek verzeichnet diese Publikation in der Deutschen Nationalbibliografie; detaillierte bibliografische Daten sind im Internet über http://dnb.d-nb.de abrufbar.

Durch Vermittlung von PETER MOLDEN – Literarische Agentur für Autoren und Verlage, Köln

Lektorat: Marit Borcherding, München
Abbildungen: © Thomas Baumann
Satz und Gestaltung: FSM Premedia GmbH & Co. KG, Münster
Umschlaggestaltung: init, Bad Oeyenhausen

Druck und Bindung: B.O.S.S Medien GmbH, Goch

ISBN 978-3-95451-873-9